평신도·소그룹·제자훈련

성경인물 집중탐구 2

이진우 지음

글샘

머리말

성경은 어떤 인물을 내세우지 않습니다.

성경에서는 영웅이 없습니다. 오직 하나님이 위대하실 뿐입니다. 사람들을 택하여 위대한 모습으로 가꾸어 가신 그 하나님이 위대하십니다. 그러나 하나의 수단으로 사람들이 성경에 동원된 것이 아니라 그들 자신이 하나님의 목적이었습니다.

이러한 관점으로 본 교재는 접근하려 힘썼습니다. 단순히 한 인물을 소개하고는, 그러니까 이 사람을 본받자 라는 것은 곤란합니다. 그렇게 되면 우리는 포기 할 수 밖에 없습니다. 그들과 우리는 너무 멀리 있기 때문입니다.

따라서 본 교재는 한 인물에 대한 기록적인 신상명세보다는 그를 통하여 하나님이 주시고자 하는 믿음의 교훈들을 집중적으로 찾기를 원했습니다. 그러므로 한 인물을 굳이 한 과에 뭉뚱그려 넣으려는 편집자적인 태도를 지양하고 필요에 따라서는 한 인물을 두 과에 걸쳐 다루기도 했습니다. 어느정도 성경에 관한 지식이 갖춰진 상태의 학습자를 염두해 두고 구성되었습니다. 제자훈련의 전후의 과정으로 사용하는것을 권장합니다.

INTRODUCTION

구역 공과용이나 청년대학부에서 사용하는 교회들도 기쁨을 누리고 있습니다. 본인이 지은 [성경책별집중탐구] 와 [중소형교회 제자훈련] 등과 연계하여 상호과정으로 사용하면 더욱 좋습니다.

이 시대는 성경을 읽지 않는 시대입니다. 신앙적으로 살기 원하는 이들마저도 성경대신 경건서적류를 읽습니다. 아! 우리는 성경대신 '성경에 관한 책' 을 읽고 마는 우를 범하고 있습니다. 이것은 우리의 영적 상태에 심각한 결과를 누적시키고 있는 것입니다. 이 교재를 공부하는 학습자는 성령 그 자체를 세밀하게 읽어가는 경험을 하게 될 것입니다.

분량이 그리 많지 않으므로 한 자리에서 한 과씩 마칠 수 있으며, '읽을 말씀' 을 미리 정독해 온다면 따로 예습이 필요하다고 여겨지지 않습니다. 인도자가 더욱 폭넓은 준비를 해온다면 공부현장은 더욱 풍요로워 질 것입니다. 주님께서 우리의 소그룹을 축복하소서.

저자 이 진 우

목차

CONTENTS

23과

기드온

만들어진 용사

읽을말씀 : 사사기 7:1-23

초　　점 : 하나님은 연약한 사람을 붙들어 어떤 일을 하시는가

스 케 치 : 기드온('벌목꾼')은 므낫세 지파 요아스의 아들로서, 이스라엘의 5번째 사사로 부름 받았다. 그는 하나님의 능력을 힘입어 미디안으로부터 이스라엘을 구해내었다. 백성들이 자신들의 왕이 되어 달라고 한 청탁을 거절함으로써 여호와만이 이스라엘의 왕 되심을 나타내었다.

탐구1 구원이 필요한 사람들

1. 당시 이스라엘의 상황을 설명해 보십시오(삿6:1-6). 그리고 그림을 완성하십시오.

우선 하나님은 선지자를 보내어 그들의 범죄함을 일깨우셨습니다. (신자의 생애 가운데서 징계는 많은 경우 범죄와 무관하지 않다)

탐구2 찾아오신 하나님

드디어 하나님의 움직임이 시작되었습니다.

1. 여호와의 사자가 기드온을 찾아왔을 때 그는 어디에서 무엇을 하고 있었습니까? (6:11)

미디안인들은 으레 추수 때면 침략하곤 했습니다. 본래 곡식 타작은 큰 마당에서 하는 일입니다. 지금 기드온의 행동에서 그의 어떤 면을 엿볼 수 있습니까?

2. 그런데 사자는 그를 무엇이라 불렀습니까? (6:12)

그렇게 될 수 있는 근거는 무엇입니까?

| THINK |

이것이 기드온의 전 생애를 채색하게 되는 중요한 말씀이었다. 그는 잘나서 용사인 것이 아니라 하나님이 함께 하심으로 용사가 되는 것이다. 이제부터 용사가 '되어 가는' 것이다.

3. 그럼에도 불구하고... 기드온은 어떻게 말합니까? (6:15)

때로 당신도 이와 비슷한 모습일 때가 있었습니까?

탐구3 용사 만들기

1. 기드온이 하나님께 요구한 것은 무엇입니까? (6:17)

   19-21절의 내용을 말해 보십시오.

   불은 어디서 나왔습니까?

|THINK|

그렇다. 불은 지팡이에서 나온 것이 아니라 반석에서 나왔던 것이다. 이제 그는 하나님의 손에 들린 지팡이인 것이다. 성경의 어떤 인물도 자신으로부터 불이 나오는 존재는 없다. 단순한 지팡이일 뿐이다. 지팡이는 단지 반석을 '가리키는' 역할을 할 뿐이다.

2. 이번에는 하나님께서 어떤 테스트를 하십니까? (6:25,26)

   이 일은 언제 시행되었습니까? (6:27)

   아직도 기드온은 '큰 용사' 가 못 되었습니다.
   그런데 이 사건이 어떻게 진행됩니까? (6:30,31)

   물론 기드온은 화도 입지 않고 죽지도 않았습니다. 이 일에 제일 놀라고 확신을 얻은 것은 바로 기드온 자신이었습니다!

3. 또 다시 미디안의 침략이 시작되었습니다. 이 때 기드온이 한 일은 무엇입니까? (6:33-35)

   그러나 군대를 모아놓고 또 다시 기드온은 마음이 놓이지를 않았습니다. 그래서 그가 행한 일은 무엇입니까? (6:37,39)

기드온의 이러한 자세의 원인은 무엇일까요?

4. 드디어 대 접전이 시작될 즈음이었습니다. 바로 이 때 하나님은 군대수를 감축하도록 어처구니 없는 명령을 하십니다.
(병력 감축 현황) 3만 2천 → →
그 이유는? (7:2)

5. 커다란 믿음을 요구하시는 하나님은 기드온을 격려하기 위해 어떤 배려를 하십니까? (7:13,14)

드디어 용사가 된 기드온은 어떤 명령을 내립니까? (7:15-18)

그들의 전략과 그 결과는 어떠합니까? (7:19-23)

|THINK|

놀라운 승리가 있었다. 그러나 그 승리를 기드온이나 300명의 그들이 할 수는 없었을 것이다. 이는 하나님이 하신 일이다 - 이 확신을 성경은 우리에게 주고 싶은 것이다. 숫자를 줄임으로!

6. 기드온의 영향력은 어느 정도였습니까? (8:28)

더 깊은 생각을 위하여

기드온은 승리의 영광을 그에게 돌리며 왕으로 추대하는 이스라엘의 요구를 거절함으로써 여호와 그 분이 왕이심을 드러냈다(8:22,23). 이 상징으로 만들었던 에봇(제사장의 예복)을 백성들은 또 다시 우상으로 섬기기 시작했으니… 인간의 끝없는 무지를 드러내는 것이 아니겠는가!

성찰

히브리서 11:32을 묵상해 보자. 기드온이 용사였다면 당신도 믿음의 용사일 수가 있을까?

24과

삼손

무너진 나실인

읽을말씀 : 사사기13:1-14

초　　점 : 구별된 사람의 특권과 책임은 무엇인가?

스 케 치 : 삼손('작은 태양')은 이스라엘의 열두 번 째 마지막 사사였다. 그는 단 지파 마노아의 아들로 태중에서 나실인으로 구별되었다. 그는 블레셋의 침략 초기(약 1090 B.C.)에 태어나, 장성한 후 20년간 사사로 있었으나 마지막에는 꾐에 빠져 무기력한 자가 되며 장렬한 죽음을 맞게 된다.

탐구1 구별된 사람

이스라엘에 대한 일곱 번 째 압제는 블레셋 족속에 의해 40년간 지속되었습니다.

1. 그 원인은 무엇이었습니까? (13:1)

______

이 때 하나님은 예루살렘 서쪽의 한 마을에 있는 마노아의 가정을 통하여 구원의 사사를 일으키려 하셨습니다. 어떠한 가정이었나요? (13:2,8)

______

2. 성경에 출생 기록이 나오는 인물은 흔치 않습니다. 삼손은 분명히 구해서 얻은 아들이 아니라 '하나님의 선물' 이었습니다. 그 모친에게 하나님은 무엇을 요구했습니까? (13:7)

______

※나실인이란 '성별된 자', '바쳐진 자' 라는 뜻이 있다.

3. 그 모친에게 그 정도로 요구했다면, 당사자인 삼손은 어떠해야 했을까요?

______

※나실인의 금기 사항
① 술_ 술에 취하면 술이 정신을 지배한다. 술을 먹지 말라는 것은' 이미 너의 주인이 있다' 는 뜻이다(엡5:18). ② 부정한 것_ 그것은 거룩하신 하나님과 대치되는 것이다. 접촉도 말아야 한다. ③ 머리 깎기_ 긴 머리는 내 머리 위에 누가(주인이) 있다는 뜻이다(고전11:3).

4. 삼손의 임무는 무엇이었으며(13:5), 이를 위해 어떤 배려가 있었나요?(13:25)

______

탐구2 무너지는 나실인

그러나 성년이 된 삼손은 너무도 쉽게 금기사항을 무너뜨렸습니다 (14:1-10).

1. 첫 번째는, 모든 이스라엘인에게도 금지된 이방인과의 결혼을 시도한 것이었습니다 (14:1-3).

두 번째는 무엇입니까? (14:8,9) 그것은 위 금기 사항의 몇 번째와 관계있나요?

세 번째는 무엇입니까? (14:10) (힌트 : 당시 풍습상 술이 안 나오는 잔치는 없었다)

| THINK |

더 이상 그는 나실인 일 수 없었다. 그러나 삼손은 단지 자신의 머리를 안 잘랐으니 여전히 나실인인 줄로 속고 있었던 것이다. 그와 같은 착각 속에 빠져 있는 신자는 없는 것인가? 단지 십일조를 하고 있으면 참 신앙인 이라고 스스로 속고 있는 자는 없는 것일까?

2. 불구하고_ 때마다 하나님은 삼손에게 어떤 힘을 주십니까?
   · 14:19 ____________________
   · 15:4,5 ____________________
   · 15:15,16 ____________________

3. 당시 이스라엘은 체념한 상태에서 하나님 앞에 회개할 마음도 없었습니다. 심지어 어떤 일이 있었나요? (15:11,13)

탐구3 부끄러운 종말

1. 삼손이 어디의 누구에게로 갔습니까? (16:1-3)

---

2. 계속되는 죄악-이번에는 어디에 사는 누구에게 빠져버립니까? (16:4)

‘한 번 범죄 하면 같은 범죄에 빠지는 것은 쉬운 일이다’ 라는 말을 어떻게 생각합니까?

---

3. 블레셋 방백의 조종을 받은 여인과 삼손 사이에 어떤 실랑이가 계속됩니까? (16:5-14)

①

②

③

드디어... 어떤 일이 발생합니까? (16:16,17)

그 결과는 무엇입니까? (16:19,20)

|THINK|

물론 그의 힘은 머리털에서 나온 것이 아니라, 하나님이 함께 하실때 나왔다. 그러나 그가 나실인으로서의 서원 - 그 마지막 것까지 범했을 때 여호와께서 떠나셨던 것이다.

4. 그의 종말은 어떻게 됩니까? (16:21,28-30)

5. 그는 사사로 몇 년을 지내었습니까? (16:31)

   그러나 그 결과는 어떠합니까? (삿3:30과 비교)

6. 삼손은 평생 단지 개인 문제로 블레셋과 싸웠을 뿐, 이스라엘의 사사로서 싸운 적은 없습니다. 벧전2:9을 참조하며 나 자신을 생각해 봅니다.

더 깊은 생각을 위하여

우리는 삼손 못지않은 하나님의 크신 애정 속에서 모든 축복을 받고 태어났다. 그러나 우리는 성도라는 이름을 가지고 실제로 내 생애가 무엇을 위해 존재하는지 전혀 상관없이 살고 있는 지도 모른다.

성찰

삼손의 가장 연약한 부분은 어디라고 생각하는가?
당신의 가장 연약한 부분을 어떻게 지켜나갈 수가 있을까?

25과

사무엘

마지막 사사

읽을말씀 : 사무엘상 7:3-17

초　　점 : 어지러운 시대에 귀하게 쓰임 받는 한 사람의 역할은 어떤 것이 있나?

스 케 치 : 사무엘('하나님께서 들으신바 된')은 모세 이후의 위대한 선지자요, 최후의 사사였다. 그는 엘가나의 처 한나가 하나님께 간구하여 낳은 아들로서 젖을 뗀 후 제사장 엘리에게 부탁하여 여호와께 바쳐졌다. 훗날 제사장 겸 사사가 된 사무엘은 온 이스라엘의 우상을 파하고 여호와만 섬기게 하였다. 뒷날 이스라엘의 첫 왕과 둘째 왕을 기름 부어 세운다.

탐구1 드려진 아이

사무엘의 어린 시절은 여러 가지 면에서 그의 전임 사사인 삼손의 유년시절과 비슷한 데가 많습니다.

1. 다음 빈 칸을 메워 보세요.
“둘 다 무자한 여인들의 기도에 대한 (　　　)으로 태어났고, 태어나면서부터 주님을 섬기도록 바쳐지고, 둘 다 부패와 영적인 침체로 얼룩진 사회 속에서 성장한다. 그러나 삼손의 생애가 하나님 앞에서 그렇게 해서는 안 될 표본이 된다면 (　　　)의 생애는 그 반대의 표본을 보여준다 “.

2. 사무엘은 언제, 또 얼마 동안이나 드려졌습니까?
· 언제 (삼상1:24) ______
· 얼마 동안 (1:28) ______

※유대인들은, 이 때 사무엘의 나이가 세 살이었다고 말한다.

3. 그의 성장 과정은, 엘리 제사장의 아들들과 좋은 대조를 이룹니다.
· 엘리의 아들들 (2:12 이하) ______
______
· 사무엘 (2:26) ______
______

당시는 배교와 예언의 무능력 상태가 계속되고 있었습니다. 그러던 어느 날, 사무엘은 어떤 일을 겪게 됩니까? (3:3,4)

______

하나님은 엘리 집안의 심판을 사무엘에게 말씀하셨던 것입니다 (3:12-14).

|THINK|

기도와 믿음으로 하나님께 드려진 아이는 하나님을 위하여 사용되어질 것이다. 또한 일찍이 그리스도 안에서 받는 훈련은 그들의 일생 동안 영향을 미칠 것이다.

탐구2 위대한 선지자

1. 이렇게 '준비된 사람' 사무엘을 보고 사람들은 무엇을 알게 됩니까? (3:20)

2. 그가 시도한 첫 공적인 사역의 그 핵심은 무엇이었습니까? (7:3 하)

   블레셋이 쳐들어오고 있을 때, 이스라엘은 어디에 모여 무엇을 했나요? (7:5,6)

   이 때 어떤 일이 일어났습니까? (7:10)

|THINK|

여호와께서는 자기의 택한 백성이 자기와 맺은 언약을 충실히 이행할 때, 자기 백성의 보호와 승리를 약속하셨다. 우리가 대적을 보지 않고 하나님께 엎드릴 때 – 하나님이 대신 싸워 주실 수 밖에 없지 않은가!

3. 평소에 사무엘은 주로 어떤 일을 했나요? (7:15-17)

   물론, 노년에 그는 처음으로 선지학교를 세우고 그들을 지도했습니다 (19:20).
   백성들에게 그는 어떤 존재였다고 추측할 수 있습니까? (25:1)

탐구3 마지막 사사

1. 백성들이 무엇을 요구하기 시작했나요? (8:4,5)

   결국 하나님이 허락하셨지만(9:22), 왜 사무엘은 마음이 무거웠을까요? (8:7)

※당시 이스라엘과 이방인과의 차이는 왕을 통한 통치가 아닌, 제사장이나 사사를 통한 여호와의 통치에 있었다. 나아가 하나님께서는 왕을 여호와의 종으로 세워 왕권체제를 통하여 본격적으로 신정(神政) 정치를 구현하고자 하셨다. 그러나 이스라엘은 이기적인 동기에서 여호와의 통치를 거부하였던 것이다.

2. 그래서 사무엘은 그의 생전에 어떤 일들을 했습니까?
   · 10:1 ______________________________
   · 16:13 ______________________________

3. 그는 이스라엘이 변질된 왕정 정치로 가는 것을 보면서 죽었습니다. 그러나 그는 종국에 이루어질 무엇을 대망했습니까? (행3:24)

   ____

   히브리서 기자는 사무엘을 어떤 사람들 속에 포함시키고 있습니까? (히11:32-33)

   ____

더 깊은 생각을 위하여

우리는 사무엘이 자기 민족을 위하여 기도를 결코 쉬지 않는 것처럼 그리스도를 필요로 하는 자들과 교회 지도자들과 우리 민족을 위하여 기도하기를 쉬지 말아야 한다 (12:23-25).

성찰

16:1에서의 사무엘의 슬픔을 묵상해 보고 내 안에 그러한 슬픔이 있는지 생각해 보자.

26과

사울

불순종의 생애

읽을말씀 : 사무엘상 15:1-23

초 점 : 한 사람의 생애 중에 나타나는 쓰임 받을 때와 버림받을 때

스 케 치 : 사울('간구한바 된')은 베냐민 지파 기스의 아들로서 이스라엘 최초의 왕이다. 이스라엘 백성들이 왕을 세워달라고 조르던 어느 날, 사울은 잃어버린 나귀를 찾아 길을 나섰다가 사무엘을 만나 기름부음을 받고 왕이 되었다. 그는 기브아에 수도를 정하고 접경의 부족들과 싸워 왕국의 기초를 다졌다. 그러나 하나님의 말씀에 불순종하는 행위를 거듭하다가 종내에는 버림을 받고 비참한 종말을 맞게 된다.

탐구1 들림 받은 한 청년

이스라엘 백성들의 왕을 세워달라는 집요한 요구(삼상8:5)를 하나님은 끝내 들어주셨습니다 (B.C. 975년경).

1. 하나님이 선택한 한 젊은이를 묘사해 보십시오(9:2).

   ____

   또한 그의 내적인 모습들은 어떠했나요?

   · 9:21 ______________________________

   · 10:22 ______________________________

   · 10:27 하 ______________________________

2. 여기서 우리는 왕의 재목이 됨직한 한 사람을 봅니다. 더구나 그가 왕으로 기름부음을 받자 하나님이 어떤 일을 그에게 행하셨습니까?

   · 10:6 하 ______________________________

   · 10:9 ______________________________

|THINK|

하나님께서는 사람에게 일을 맡기시기 위해 부르실 때에, 그 사람에게 필요한 모든 것들을 주신다. 먼저 사울은 내적으로 변화되어 백성들 앞에 나타났던 것이다.

3. 첫 번째 업적 – 사무엘상 11:1-11에 의하면 어느 족속과의 싸움이었으며 누가 승리합니까?

   ____

   그 결과 어떤 일들이 자연적으로 이루어졌습니까?

   · 11:12 ______________________________

   · 11:15 ______________________________

이제 그의 왕권은 확고하게 되어 길갈에서 공식적으로 즉위식을 거행케 되었습니다. 그 후 주변 국가들과의 싸움에서 승리하여 영토를 확장합니다 (14:47-52).

탐구2 거듭되는 불순종

40세에 즉위한 사울은 다스린 지 만 2년 만에 불행한 일을 저지르게 됩니다.

1. 그 상황은 어떠했습니까? (13:5,7)

   ____

   사울이 행한 일은 무엇입니까? (13:9)

   ____

   이것은 어떤 약속에 대한 위반입니까? (10:8; 13:8 상)

   ____

2. 하나님의 진노하심은 어느 정도였습니까? (13:14)

   ____

| THINK |

이 땅에서 가장 높은 위치에 있었던 사울이라도 임의로 하나님의 일을 하거나 또는 경시하는 일을 행사 할 권리를 받지 않았다.

3. 15장의 아말렉과의 전투에서 또 다른 일이 발생합니다.
   · 여호와의 명령 (2,3절) ______________________________
   · 사울의 시행 (9절) ______________________________

   이 불순종이 어떻게 변명됩니까? (15:15)

   ____

   아! 이 날 이후 사무엘은 사울을 보지 않았고 더구나 여호와께서 그를 버리셨던 것입니다 (15:23,35).

| THINK |

하나님께 순종하는 것은 성공을 성취하는 데 있어서 어떤 요인보다도 중요하다!

4. 이제는 하나님 대신 무엇이 그를 장악하기 시작했습니까? (16:14)

   ____

탐구3 파멸을 재촉하는 증오

한편, 휘청거리는 이스라엘에 샛별 같은 한 소년이 나타났습니다. 그가 블레셋 군을 물리친 후 사울은 그를 예사롭지 않게 보기 시작했습니다.

1. 어떤 감정이 생겼습니까? (18:8)

   이것은 끝내 어떤 일들을 저지르게 합니까? (19:1,10 ; 23:8)

2. 사울이 다윗을 점점 더 두려워한 까닭은 무엇입니까? (18:12)

3. 급기야, 사울은 어느 지경에까지 빠집니까? (28:7)

   이러한 변화들은 맨 처음 그의 모습(문1)과 얼마나 다릅니까?

   사울의 말년은 주로 무슨 일에 바쁘게 됩니까? (22:6 ; 23:1)

   아이러니하게도 그는 잘못을 알면서도 (26:21) 추격을 계속합니다.

|THINK|

우리가 죄를 범하기 시작하여 점점 더 많은 범죄로 빠져들어 갈 때 우리 자신의 의지로 돌아서기란 거의 불가능하다. 우리를 거기서 돌이킬 수 있는 것은 우리 주 예수 그리스도의 은혜뿐이다.

더 깊은 생각을 위하여

사울의 종말은 너무나 비참했다. 이스라엘은 길보아 산에서 블레셋과 맞붙었으나, 하나님께서는 이스라엘과 같이 하지 않으셨다. 사울의 아들들이 죽었고 사울 자신은 적의 화살을 맞은 후 스스로 자살하고 말았다 (대상 10장).

성찰

기다리지 않는 것과 믿음은 어떻게 상반되는지 생각해 보자.

27과

다윗

준비되는 왕

읽을말씀 : 사무엘상 24장

초　　점 : 사람을 폐하심과 택하심, 그리고 일의 결국이 주께 있음.

스 케 치 : 다윗('사랑받는 자')은 유대 지파 이새의 막내 아들로서 이스라엘의 제 2대 왕으로 기름부음을 받는다. 그 후 사울에게 쫓겨 기나긴 망명 생활 후에야 왕위에 오른다. 그는 나라의 안전을 공고히 하기 위해 주변 제국들을 정복하고 옛날 아브라함에게 약속했던 땅까지 확장해 나갔다. 40년간 치리하고 71세에 부름을 받는다.

탐구1 하나님의 마음에 합한 사람

이스라엘의 초대 왕 사울이 하나님께 불순종을 되풀이 할 때, 한 소년이 준비되고 있었습니다.

1. 그러나 사무엘이 이새의 집에서 왕 될 자를 고를 때, 다윗은 무엇을 하고 있었습니까? (삼상 16:11)

   ____

   이때의 경험들을 통해 주옥같은 시편이 쓰여질 수 있었습니다 (시23편).

2. 가족 안에서도 대수롭지 않던 그가 선정될 수 있었던 이유는 무엇입니까? (삼상16:7 행13:22)

   ____

3. 그 날 이후 소년 다윗에게 어떤 일이 있었습니까? (16:13)

   ____

4. 사람들 앞에 다윗이 드러나게 되는 일이 조만간 다가왔습니다.
   침략군 블레셋의 거인과 정면 대결케 된 것입니다. 17:45에 의하면,
   · 골리앗은 무엇을 의지하였습니까? ______________
   · 다윗은 무엇을 의지하였습니까? ______________

   그 결과는 어떠했습니까? (17:51)

   ____

   그러나 이것이 사울 왕의 미움을 야기 시키게 될 줄이야…(18:7,8).

탐구2 도피의 세월

1. 사울 왕은 스스로 다윗과 어떤 관계를 만들었습니까? (18:29)

   ____

2. 그러나 다윗은 사울에게 어떻게 대했습니까?
   24:3,4 ______________________________
   26:9,10 ______________________________
   당신의 경우, 원수의 운명이 당신의 손에 달리게 된다면 어떻게 하겠습니까?

   ____

|THINK|

대적을 끝까지 용서할 수 있는 사람이라면 하나님이 보호하실 수 밖에 없지 않은가! 그리고 그 원수는 훗날 하나님께서 갚으실 것이다(31장; 롬12:19).

3. 그 도피의 날들 중에 지은 시편 중 66:1,2을 보고 당시 다윗의 심정을 말해 보십시오.

|THINK|

다윗은 자기의 유리방황하는 경험을 통해 시편 54,56,57,59편을 쓸 수 있었다. 하나님은 자기의 자녀들이 삶 속에서 곤고한 날을 지날 때, 더욱 더 유익한 시간으로 받아들이며 더 큰 성숙을 이루시길 원하신다!

탐구3 불가사의한 우정

이러한 쫓고 쫓기는 살벌한 현장에서 우리는 놀라운 사랑 이야기를 발견 할 수 있습니다.

1. 요나단은 어떤 신분이였습니까? (14:49)

더구나 그는 어떤 일을 해내기도 했습니까? (14:1,12-15)

그러던 중, 다윗이 등장하자 백성들의 마음이 그에게 기울었습니다(18:7).

2. 자 이런 상황에서 요나단은 어떤 반응을 나타낼 수 있을까요?

그러나 실제의 반응은 어떠했습니까? (18:3,4)

당신이 요나단이였다면 어떻게 하시겠습니까?

흔히 말하는 '선의의 경쟁' 에는 어떤 위험성이 있다고 생각됩니까? (참조: 막10:43-45)

3. 다윗에 대한 요나단의 사랑은 어떤 형태로 나타났습니까?
· 다윗에게(19:2) ____________________
· 부친에게(19:4) ____________________
당신은 부모에 대한 효도나 나라에 대한 충성을 어떻게 하여야 옳을까요?

____

탐구4 원수의 죽음 앞에서

먼저 사무엘상 31:1-10을 읽으십시오. 이 전투에서,

1. 누가 전사했습니까? ____________________
사울은 어떻게 죽었습니까? ____________________
사울의 시체는 어떻게 되었습니까? ____________________

2. 아말렉 소년이 무엇을 보고했습니까? (삼하1:4)

____

사울의 죽음에 자신이 무엇을 했다고 합니까? (1;9,10)

____

※아마도 그는 상급을 노리고 말을 꾸며서 보고한 듯하다.

3. 이 소식을 들은 다윗의 반응은 어떠했습니까? (1:11,12)

____

아말렉 소년은 상을 받았습니까? (1:14,15)

____

원수가 망할 때, 당신은 어떻게 할 수 있겠습니까?

____

더 깊은 생각을 위하여

그들의 죽음을 슬퍼하여 지은 노래를 보면, 다윗은 오직 사울의 선행만을 찬양하고 있다. 거기에는 다윗 자신에게 행한 사울의 과실과 잔학성이 언급되지 않고 있다. 나아가 요나단에 대해서는 애절한 정이 흘러넘치고 있다.

성찰

때로 인간은 주님에 의해 부르심을 받으나, '하나님의 때' 를 기다려야 한다. 이 점에서 다윗은 당신에게 어떤 교훈을 주는가?

28과

다윗Ⅱ

영광과 좌절

읽을말씀 : 사무엘하 12:1-25

초 점 : 인간의 연약함과 오실 메시야에 대한 언약의 확인

스 케 치 : 다윗(-'사랑받는 자')은 유대 지파 이새의 막내 아들로서 이스라엘의 제 2대 왕으로 기름부음을 받는다. 그 후 사울에게 쫓겨 기나긴 망명 생활 후에야 왕위에 오른다. 그는 나라의 안전을 굳건히 하기 위해 주변 제국들을 정복하고 옛날 아브라함에게 약속했던 땅까지 확장해 나갔다. 40년간 치리하고 71세에 하늘의 부름을 받는다

탐구1 예루살렘의 왕

1. 사울이 죽은 후, 다윗에게는 어떤 일이 생겼습니까? (삼하2:4)

2. 다른 지파들은 다윗을 왕으로 받아들이지 않았습니다. 결국 어떤 일들이 야기되었습니까?(3:1)

비록 왕위에는 올랐지만 온전한 왕이 되지 못한 채 헤브론에서 7년 반 동안 유다만을 다스렸습니다(2:11). 사울의 추종자들을 다스리던 이스보셋이 죽은 후에야 어떤 일이 가능케 되었습니까?(5:3)

3. 다윗은 예루살렘 (시온-다윗 성)으로 수도를 옮긴 후 (삼하5:6,7) 대관식을 거행했는데, 참석자들의 마음은 어떠했습니까? (대상12:38)

4. 왕 위에 오른 다윗이 맨 먼저 해야 할 일은 이미 사울 때에 빼앗겼던 법궤를 블레셋으로부터 찾아오는 것이었습니다(삼하6:1-16). 이때 16절을 보면,
   - 다윗의 반응은 어떠했습니까?
   - 미갈의 반응은 어떠했습니까?

   어느 쪽이 옳은 것입니까?

   하나님이 보시기에 옳은 사람은 누구입니까? (6:20~23)

※그리스도께서 오시기 전에는 하나님께서 성전 안에 있는 이 법궤 위에 나타나셔서 백성의 대표자인 대제사장을 만나 주셨다. 이제 그리스도가 오신 후에는 하나님께서 그리스도 안에서 우리를 만나 주신다. 성전도 법궤도 대제사장도 그리스도를 가리킨다.

5. 이후, 5~8장은 다윗이 이스라엘의 영토를 넓히고 부강한 나라로 만들어가는 것을 보여줍니다. 이때 그에게 어떤 소원이 있었나요? (7:2)

그러나 하나님의 의도는 무엇입니까? (7:2)

※그래서 다윗이 비축해 둔 금·은 2.5t 트럭×79대의 분량이었다고 한다.

6. 또한 사울의 손자 므비보셋을 위해 어떤 배려를 합니까? (9:6,7)

이것은 우리의 어떤 상식과 대치되는 행동입니까?

탐구2 어쩔 수 없는 인간

지금까지 우리는 거의 완벽한 한 사람을 보는 듯합니다. 그러나…

1. 사무엘하 11:2-15을 읽어보십시오. 범죄의 진행 과정을 순서별로 배열해 보면…

① 데려오게 함 ② 알아보게 함 ③ 바라봄 ④ 동침함

이 1차 범죄는 또 어떤 범죄를 낳게 됩니까? (15절)

현재에도 '죄가 또 다른 죄를 낳는' 경우를 본 적이 있습니까?

2. 모든 것이 '완전 범죄' 로 끝나는 것 같았습니다. 그러나 사실은 어떠했습니까? (11:27)

그리고 선지자 나단을 통해 그것을 지적하십니다. 그때 다윗의 첫 반응은 어떠했습니까? (12:5,6)

THINK

여기서 우리는 인간의 뼛속 깊이 스며있는 죄의 본성을 보게 된다. 다윗은 그것을 죄인 줄 모르고 자행하고 있었던 것이다. 인간은 얼마나 범죄에 자연스런 존재인가?

3. 지적을 받은 뒤에 얻은 깊은 깨달음은 무엇이었습니까? (시51:2,3)

그렇습니다. 인간은 죄를 지을 수 밖에 없는 존재입니다.

4. 또한 고대 전제 국가에서 왕이라면 '그 정도의 일'은 흔히 있는 일이고, 또 성경에도 유다와 며느리, 롯과 딸 등의 더 악한 일들이 있었는데도 불구하고, 유독 여호와께서 다윗의 이 범죄에 분노 하시는 이유는 무엇일까요?

____

탐구3 언약의 다짐

그래도, 다윗은 여호와와 위대한 언약을 맺은 왕입니다 (7:4-16).

1. 다음을 이어보면

집, 혹은 자손에 대한 확증 ·		· 12,13절
보좌, 혹은 왕적 권위 ·		· 13절
왕국, 혹은 통치 영역 ·		· 11,13절

2. 메시야와 다윗은 어떤 관계 입니까?

로마서 1:3 ______________________________

마태복음 1:1 ______________________________

3. 오실 메시야를 대망(待望)한 다윗을 신약에서는 무엇이라 부릅니까? (행2:30)

____

더 깊은 생각을 위하여

· 언약의 발전-아담 (창3:15, 온 인류에게)→아브라함(창22:18, 이스라엘에게)→야곱 (창49:10, 유다 지파)→다윗(삼하7장, 한 가족)…

· 다윗은 그의 죄를 회개했으나 이로 인한 고통들이 따랐고, 말년에는 자식 압살롬의 모반을 겪으며 쓰라린 날들을 보내게 된다.

성찰

시편 51편을 깊이 묵상하자.

29과

솔로몬

영광과 수치의 길

읽을말씀 : 열왕기상 8장

초　　점 : 하나님의 법도 안에 있을 때와 떠날 때의 그 엄청난 차이는 어떤 것인가?

스 케 치 : 솔로몬('평화로운')은 이스라엘의 3대 왕으로서 21세에 즉위하여 40년간 통치하였다. 다윗을 계승하여 통일 과업을 수행하고 왕위를 견고케 하였다. 치세 초기에는 하나님을 두려워하며 백성들을 바르게 치리하였으나 말년에는 이방신을 방조했으며 강제노역 등을 펴 국가 분열의 원인이 되기도 했다.

탐구1 탄탄한 출발

다음 도표에서 우리가 다루고 있는 부분에 빗금을 치고, 관찰해 보십시오.

역사시기	광야시기	국가 형성 시기	왕국시기	포로시기
기간	660년	360년	460년	160년
기록	모세 오경	수, 삿, 룻	삼상 · 하, 왕상 · 하, 대상 · 하	스, 느, 에

※왕국기는 B.C 1043~586년이며 통일 왕국시기, 분열 왕국시기, 남은 왕국시기로 나뉜다.

1. 솔로몬도 부친처럼 두 번의 대관식을 행했으니, 두 번째는 공식으로 확인하는 절차였습니다. 이 의식을 위해 참석한 일행을 생각해 보고 ( )를 채우시오.

① 은퇴하는 왕 – ( )
② 즉위하는 새 왕 – ( )
③ 이스라엘 왕국의 지지자들–관리와 백성들 ( )
④ 참된 왕 – ( )

2. 역대상 29:23-25은 솔로몬 권위의 어떤 면을 보여줍니까?

솔로몬의 통치는 길조의 출발이었고 온 백성이 그를 왕으로 받아들였습니다.

3. 솔로몬이 큰 제사를 드리고 난 후 (왕상 3장), 하나님은 어떤 제안을 하셨나요? (3:5)

놀라운 응답(3:12,13)을 주신 이유가 무엇이라고 생각합니까?

이것은 당신의 기도 생활에 어떤 교훈을 줍니까?

탐구2 솔로몬의 영광

1. 열왕기상 4:20-25은 솔로몬 왕국의 어떤 면을 나타내 주고 있습니까?

이렇게 할 수 있는 근본 이유는 무엇일까요? (4:29)

---

2. 이제 솔로몬이 시작하려는 일은 무엇입니까? (대하2:4)

| THINK |

이스라엘에 있어서 성전은 무엇인가? 여기에는 두 가지 진리가 있으니 그것은 하나님이 이스라엘 생활의 유일한 중심이 돼야 한다는 것과 또 이스라엘은 그분 만을 예배하고 섬겨야 한다는 것이다.
이 대공사는 B.C 966년부터 7년이 걸렸으며 여호와의 전이 완성된지 11개월 만에 솔로몬은 성전 봉헌식을 올리기 위해 백성들을 소집했다.

3. 열왕기상 8:12-21은 봉헌사입니다. 누가 누구에게 드린 것 입니까?

8:22-53은 이어서 드리는 기도입니다. 이 기도 가운데 41-43절은 무엇에 대한 간구 입니까?

| THINK |

이때가 바로 이스라엘 민족 역사의 최고 절정기였으니, 그것은 온 나라가 일치하여 여호와 하나님을 드높였기 때문이다!

탐구3 번영과 배교

솔로몬의 지혜를 듣기 위하여 방방곡곡에서 사람들이 몰려들었고 엄청난 금이 예루살렘으로 쏟아져 들어왔고 화평과 번영과 권세가 있는 황금기가 왔습니다. 그러나…

1. 열왕기상 11:1-8을 읽고 솔로몬이 범한 죄들을 말해 보십시오(참조. 신 7:1-5).

2. 신명기 17:16,17에는 왕의 행동 기준이 제시되고 있습니다. 솔로몬은 네 가지 금기 사항을 어떻게 범했습니까?

① 말을 많이 두지 말 것 ←열왕기상 10:26
② 말을 얻으려고 백성에게 애굽으로 가도록 하지 말 것 ←10:28
③ 은, 금을 자기를 위해 쌓지 말 것 ←10:14,23
④ 아내를 많이 두어 미혹되지 말 것 ←11:3

※물론, 신명기 17:18-20에 기록된 왕이 해야 할 일도 하지 않았다!

3. 열왕기상 11:41-43에 기록된 솔로몬의 마지막 기사는 찬란했던 날들에 비해 어떤 느낌을 줍니까?

이때, 이스라엘의 주변에는 하나님의 진노에 의한 전운(戰雲)이 감돌고 있었고 안으로는 여로보암의 반역으로 왕국 분열의 조짐이 싹트고 있었습니다. 그는 사치와 허영의 무가치함을 증언하며 눈을 감았습니다(전 2:1-11).

더 깊은 생각을 위하여

모든 파멸과 멸절 상태가 솔로몬의 영광에 뒤이어 그처럼 빨리 따라오게 된 것은 하나님의 분명한 말씀을 등한시 했기 때문이다. 지금까지 교회에 나타난 모든 죄와 불의와 이단적 행위들은 다 하나님의 말씀을 등한시 한데서 온 결과이다.

성찰

당신은 마땅히 해야 될 것을 하지 않거나, '하지 말 것'을 행하는 일이 없는가?

30과

아합

패역한 왕

읽을말씀 : 열왕기상 21장

초　　점 : 인간은 얼마나 패역할 수 있으며, 그에 비해 하나님은 얼마나 자비로우신가!

스 케 치 : 아합 ('아버지의 형제')은 오므리의 아들로서 이스라엘의 7대 왕이며 22년간 치리하였다. 그는 온 백성과 더불어 하나님을 배역하며 우상 숭배를 하였다. 성격이 우유부단하여 우상의 광신자인 아내 이세벨과 더불어 악을 자행하였다.

탐구1 시작된 악정

우선 다음의 도표를 살펴보며, 오늘의 인물이 처한 시대 정황을 살펴보십시오.

분열 왕국	적대 관계(60년)	우호관계	적대 관계(75년)
남 유다(2지파)	BC 931 르호보암~아사	BC 873 여호사밧~요아스	BC 796 아마샤~
북 이스라엘(10)	BC 931 여로보암~오므리	BC 874 아합~여호아하스	BC 798-722 요아스~호세아

※그들은 솔로몬 이후 남북으로 분열된 채 200년을 공존하였다.

1. 역대 북이스라엘의 왕들은 누가 더 악할 수 있는가 내기를 하는 것 같이 행합니다. 여로보암 이래로 이스라엘에는 어두움이 계속 됩니다. 아합의 부친은 누구였으며 어떠한 사람이었습니까? (16:25,26)

   이것은 아들 아합에 대한 어떤 '예측' 을 가능케 합니까?

   실제로 아합은 아버지보다 악을 행하기에 용감(?)했습니다 (30절).

2. 그는 어떤 사람과 결혼을 합니까?(16:31)

   ※엣 바알은 바알 신의 제사장으로 후에 왕이 된 이방 시돈 사람이었다.

   그 결과 어떤 일이 뒤따르게 됩니까? (16:32,33)

   '바알' 은 땅에 비와 풍년을 주는 신으로 섬겨졌습니다. 그들의 제사 의식에는 어떤 일이 있었습니까? (렘19:5)

   광신적인 아내를 따라서 아합왕도 바알 숭배자가 되었습니다. 이런 측면에서, 결혼에 대한 원리는 어떠합니까? (고후 6:14-16)

3. 또 하나의 범죄-아합의 명령을 따라 어떤 일이 진행되고, 그때 어떤 일이 생겼습니까? (16:34)

| THINK |

전날, 여호수아의 백성들이 여리고 성을 정복할 때, 죄악에 대한 심판의 상징으로 이 성의 재건이 금지 되었었다(수6:26). 그러나 500년 후 아합의 때, 불순종은 그 숨겨졌던 저주를 불러들였다.

탐구2 더해가는 어둠

1. 아합에게 나타난 선지자는 무엇을 예고합니까? (17:1)

   ____

   이 징계는 바알 숭배에 관해 어떤 면에서 적절합니까?

   ____

2. 그 동안 이세벨은 어떤 일을 행하고 있었습니까? (18:4)

   ____

   한편 다급해진 아합은 물을 찾아 나섭니다. 그는 큰 가뭄을 어떻게 해석했습니까? (18:17)

   ____

   그러나 실상은 어떠합니까? (18:18)

   ____

3. 아합이 백성 중의 하나인 나봇에게 한 요청은 무엇입니까? (21:2)

   ____

   나봇의 반응은 어떠합니까? (21:3)

   ____

| THINK |

나봇이 왕의 제안을 거절한 이유는 왕보다 여호와를 더 두렵게 여겼기 때문이다. 이스라엘 사람들은 하나님의 언약으로 그땅을 기업으로 물려 받았다. 그래서 왕 일지라도 남의 땅을 강제로 살 수는 없었다.

그 일이 이세벨의 음모로 어떻게 결론 지어졌습니까? (21:11-16)

____

탐구3 예고된 종말

이 포도원 사건 직후 어떤 일이 선고되었으며 그것은 어떻게 성취 됩니까?

1. 아합에게

선포 21:21,22

성취 22:38

이세벨에게

21:23 왕하 9:30-36

2. 그러나 한때 어떤 일이 있었습니까? (21:27)

|THINK|

이 회개(비록 지속되지는 못했지만)를 하나님은 기쁘게 보시고 형벌들을 연기하셨던 것이다. 이는 하나님의 인자와 자비하심을 보여주는 극단적인 예가 아니겠는가!

3. 그럼에도 불구하고 여호와의 선지자에 대한 아합의 태도는 어떠했습니까? (22:26,27)

결국, 악한 왕 아합은 미가야 선지자의 예언대로 길르앗 라못 전투에서 죽게 됩니다. 그것도 전날에 여호와의 명령을 어기고 살려 주었던 벤하닷과의 싸움에서! (20:34,42)

더 깊은 생각을 위하여

악을 행한 모든 왕들은 지극히 짧은 영화와 세상의 성공을 누릴 수는 있으나 죽으면 세상에서 금방 잊혀지는 것이다. 그들의 이름이 그 후에 일어난 역사 속에서 언급되거나 기억되는 일은 거의 없다. 그러나…

성찰

아합의 회개를 어떻게 생각하는가? 순간에는 진심이었으나 지속되지 못한 회개의 경험을 가지고 있는가?

31과

엘리야

선지자 중의 선지자

읽을말씀 : 열왕기상 18장

초 점 : 어두움의 시대에 하나님의 사람은 어떻게 쓰여질 수 있는가?

스 케 치 : 엘리야 ('여호와의 하나님')는 가장 위대한 선지자 중의 한 사람으로서 길르앗의 디셉 사람이다. 아합이 불의를 자행할 때 그의 앞에서 여호와의 진노를 선언하였다. 그 후 갈멜 산에서 우상의 선지자들과 기도의 대결을 벌이며 백성들의 결단을 촉구했다.

탐구1 보냄받은 사람

1. 아합의 어두운 시대에 등장한 엘리야-그가 참 선지자라는 신임장을 가졌다면 그것은 무엇일까요? (17:1)

   가뭄을 선포한 후, 그는 말씀에 따라 그릿 시냇가에서 은둔 생활을 합니다. 말라가는 시내를 보며 그 자신은 무엇을 배워야 했을까요?

2. 그 후 사르밧으로 가게 하는 여호와의 명령은 우리에게 여호와의 어떠하심을 알게 합니까? (17:9; 눅 4:26)

   거기 머무는 동안 어떤 기적이 계속되었나요? (17:16)

   또한 이것은 우리의 삶에서 어떤 교훈을 생각나게 합니까? (마 6:11)

탐구2 여호와냐 바알이냐

많은 날을 지내고 제 3년에 엘리야는 아합 앞에 나타납니다. 적반하장으로 격분하는 왕에게...

1. 엘리야가 한 제안은 어떤 것입니까? (18:19)

   이렇게 시작된 갈멜 산의 대결에서, 엘리야는 우선 누구에게 무엇을 촉구 합니까? (18:21)

   그러나 그들의 반응에 비추어 당시 백성들의 상태는 어떠합니까?

2. '참 신 테스트' 는 어떤 방식으로 제안되었습니까? (18:24)

   다음을 각각 기록하고 비교해 봅시다.(o, x)

	숫자	기도 방법	응답	참신여부
바알선지자	450	(18:26,28)	(18:29)	( )
엘리야	1	(18:36,37)	(18:38)	( )

· 기도방법? ____________

· 응답? ____________

| THINK |

역사적으로 많은 경우에 진리는 소수 쪽에 있었다. 예수님도 다수에 의해 처형이 결정되었고 루터는 외로운 투쟁을 해야 했다. 엘리야가 기도한 시간은 저 남쪽의 예루살렘 성전에서 저녁 소제를 드리던 시간이었다! 다른 이들의 기도가 우리를 얼마나 강하게 하는가!

3. 이 기도의 대결 후 어떤 일들이 이어졌습니까?
   - 백성들의 고백 (18:39) ____________
   - 바알 선지자들 (18:40) ____________
   - 가뭄 (18:41,45) ____________

특히, 큰 비를 내리게 한 엘리야의 모습은 어떤 교훈이 될 수 있습니까? (약 5:16,17)

____

탐구3 지속되는 사역

이 일로 분노한 이세벨은 엘리야의 목숨을 노리게 되었습니다.

1. 이때 엘리야의 모습은 어떠합니까? (19:3,4)

____

놀랍게도 신앙의 좌절은, 위대한 영적인 승리 뒤에 잘 다가온다. 그러므로 '섰다고 하는 자는 늘 넘어질까 조심해야' 하는 것이다(고전 10:12).

____

2. 그러나 여전히 자비로운 여호와는 천사를 통해 자상한 배려를 하십니다(19:5-7). 그 후, 어떤 새 사명을 또 주십니까? (19:15,16)

① ____________

② ____________

※아람 왕이 된 하사엘은 후에 이스라엘을 무자비하게 짓밟았으니, 이는 그들의 우상숭배에 대한 징벌이었다(왕하 8:12-29). 또 훗날 왕이 된 예후는 우상숭배를 장려한 아합 왕가를 철저히 파멸시켰다.

3. 아합의 아들 아하시야 때에도 엘리야의 사역은 계속됩니다. 어떤 일이 있었습니까? (왕하 1:2-4)

한편, 남 유다의 왕에게도 여호와의 말씀을 경고 했습니다(대하 21:12-15). 그 후 충실한 후계자 엘리사에게 일을 맡기고 하늘의 부름을 받게 됩니다.

4. 엘리야의 마지막은 어떠했습니까? (왕하2:11)

더 깊은 생각을 위하여

이스라엘의 역사적 위기에 나타났던 엘리야-그는 무명인으로 출발하여 가장 위대한 선지자 중의 하나가 되었다(신약에 27회나 언급됨). 그는 세상의 물질도, 정규 교육도, 가문도, 가족도 가지지 못했다. 그러나 하나님은 순종하는 그를 존귀와 영광의 자리로 이끌어 주셨다.

성찰

사르밧 여인의 말(17:24)이 어떻게 우리에게 적용될 수 있을까?

32과

엘리사

자비의 이적들

읽을말씀 : 열왕기하 5장

초　　점 : 하나님은 그의 백성들의 필요를 어떻게 채우시는가?

스 케 치 : 엘리사 ('하나님은 구원이시다')는 사밧의 아들로서 요단 골짜기에 살았다. 불같이 역사한 엘리야에 비해 엘리사는 수많은 이적들을 행하며 자비롭게 역사하였다. 50년 동안 사역을 한 그는 역대 왕들에게 많은 영향을 끼쳐 주었으며, 그들이 위기에 처할 때는 지체 없이 구원하러 가곤 했다.

탐구1 하나님의 세우심

1. 엘리사가 부름 받는 현장을 간단히 묘사해 보십시오(왕상19:19-21).

※ '겉옷을 던지는 것' 은 당시 후계자를 세우는 상징적인 행동이었다. 또 "내가 네게 어떻게 행하였느냐" 는 말은 그가 엘리사를 강제로 부르지 않았음을, 즉 부르신 이가 여호와이심을 강조한 말이다.

그 후 엘리야는 선지학교의 스승으로 엘리사는 생도로 훈련받고 있었습니다.

2. 때가 됨을 안 엘리야는 어떻게 움직입니까? (왕하 2:1-6)

그 각각의 곳에 선지학교가 세워져 있었다면… 이 움직임은 어떤 의미를 가지고 있다고 생각됩니까?

다음 말들을 참작할 때, 엘리사의 태도는 어떻게 이해될 수 있습니까? (2:2,9)

3. 엘리야가 승천한 뒤, 그 능력이 엘리사에게 임했다는 증거가 어떻게 나타납니까? (2:14)

| THINK |

하나님께서는 당신이 세운 종들에게 그것을 감당할 수 있는 능력을 부어주신다.

4. 사역을 시작한 엘리사가 갈멜 산에 잠시 가 있었던 것을 어떻게 이해할 수 있을까요? (2:25)

탐구2 자상한 이적들

사마리아에 돌아온 그는 전국을 순회하며 백성들을 가르쳤던 것으로 보입니다.

1. 조언을 듣기 위해 찾아온 새 왕에게 그가 한 말을 보면, 그의 어떤 점을 알 수 있습니까? (3:13,14)

2. 4:1-7의 사건을 일별해 본 뒤, 6절을 보면-과부의 병에서 기름이 멎은 것은 언제이며 이는 어떤 교훈을 준다고 생각됩니까?

· 계속 선지자를 대접하던 수넴여인이 받은 보상은 무엇이며 (4:16,17), 이 '보상의 원리' 에 해당되는 구절을 말해 보십시요.

· 4:42-44은 신약의 어떤 사건을 연상시킵니까?

| THINK |

여기서 우리는 모든 필요를 채우시는 하나님을 볼 수 있다. 그러나 엘리사는 음식의 기적적인 증거를 예언했을 뿐이고 예수님은 신적인 권위로 직접 이적을 창출하셨다.

3. 열왕기하 5:1-14의 사건을 읽고, 다음을 연관시켜 보십시오.
   · 인간의 타락한 상태 (1절)
   · 복음의 증인들 (2,3절)
   · 구원을 위한 인간의 헛된 노력 (5절)
   · 구원을 위한 하나님의 초청 (8절)
   · 구원에의 장애물 (11절)
   · 구원을 얻기 위한 올바른 방법 (13,14절)
   · 구원의 결과 (14절)

탐구3 더 깊은 사역들

1. 엘리사를 두려워하던 아람에 의해 어떤 일이 발생합니까? (6:9,14)

____

엘리사와 사환은 이 사건을 보는 눈이 달랐습니다.

사환이 본 것 (6:15) ________ 그 결과 (6:16) ______________

엘리사가 본 것 (6:17) ________ 그 결과 (6:18,19,23) __________

2. 훗날, 엘리사는 어떠한 일을 예고합니까? (8:10-13)

____

※이렇게 이방왕이(단지, 하나님의 징계의 도구로 쓰이기 위해) 선지자에 의해 기름 부음을 받음으로 인해, 만왕의 왕 되시는 여호와임이 확인되는 것이다(B.C 843년경). 또한 예후를 기름 부어 왕으로 봉함으로써 예언된(왕상 19:16) 징계를 시행케 하였다.

3. 죽음을 앞두고 그가 행한 일은 어떤 것입니까? (13:14,17)

____

더 깊은 생각을 위하여

엘리야는 큰 공적인 사역들을 행했으나, 엘리사는 대부분 개인적인 필요에 따라 기적을 행했다. 이는 하나님의 은혜, 사랑, 자비를 드러내는 것이며, 그리스도처럼 인간을 위해 열심히 일하시는 모습을 보인 것이다.

성찰

나아만의 분노를 어떤 면에서 공감할 수 있는가? 당신에게 그런 경우는 없었는가?

33과

히스기야

덤으로 산 생애

읽을말씀 : 열왕기하 20장

초　　점 : 신앙에 있어서의 교만은 가장 무서운 적이다.

스 케 치 : 히스기야 ('여호와의 힘')는 악한 부친 아하스의 뒤를 이어 25세에 즉위 하였고, 29년간 다스린 13대 유다 왕이다. 그는 부친과 달리 여호와의 편에 서서 개혁과 선정을 베풀었다. 특히 대적 앗수르에게 고통을 당하는 가운데 신앙의 새로운 체험을 하기도 했다.

탐구1 윗물은 흐려도

1. 히스기야의 아버지 아하스는 어떤 사람이었습니까? (대하29:19-23)

그러한 아버지의 아들이라면-어떤 상식적인 짐작을 가능케 합니까? (예, 부전자전…)

2. 그럼에도 불구하고 히스기야는 어떤 사람이었습니까? (왕하18:3)

여기에서 당신이 얻을 수 있는 교훈은 무엇입니까?

ㅣTHINKㅣ

그런데 여기에 간과할 수 없는 사실이 있다. 히스기야가 정직했다는 말 앞에는 늘 어머니 '아비'(Abi)의 이름이 언급되고 있다는 사실이다(왕하18:2,3 ; 대하 29:1,2). 선한 어머니는 악한 부친보다 더 큰 영향력을 줄 수 있었다!

탐구2 신앙의 사람 히스기야

1. 히스기야는 그의 통치로 어떤 일부터 시작합니까? (대하 29:3)

더불어 진행된 일은 무엇입니까? (왕하 18:4)

그는 자기 나라 유다뿐만 아니라 이스라엘 전체를 위하여 유월절을 준비하고 다시 제정하였습니다. 그리고 모든 이스라엘 사람들을 예루살렘에 모이도록 초대했습니다(대하 30:1,5).

ㅣTHINKㅣ

참 이스라엘의 회복은 영적인 일로부터 시작된다. 우리의 허물어진 성을 다시 일으키는 길은 하나님과의 관계를 회복하는 일로부터 시작될 수 있다.

2. 전무후무한 하나님에 대한 열성을 가졌던 그를 하나님은 어떻게 대하셨습니까? (왕하18:7,8)

나의 열심은 어느 정도 입니까?

히스기야는 이미 아하스 왕 때부터(16:7) 속국이 되어 왔던 앗수르로부터 독립을 선언했습니다. 이 과정에서 왕은 선지자들의 경고를 무시하는 어리석음을 범했고(사22:28;29:1-16), 결국 예루살렘이 포위되는 지경에 이르게 됩니다.

3. 적장 랍사게의 조롱을 들은 히스기야는 사람을 어디로 보냅니까? (왕하 19:2)

그는 당시 활동하던 선지자입니다. 위 사실은 우리의 생활에 어떤 지혜를 줍니까?

4. 또한 항복을 요구하는 편지를 받고 어떻게 합니까? (19:14,15)

여호와께서는 다시 선지자 이사야를 통해 대항하셨고(사37:33-35), 천사들을 동원하여 방어해 주셨습니다(19:35). 오만하던 산헤립은 자기 아들들에게 죽임을 당했습니다(사37:38).

탐구3 덤으로 받은 생애

이러던 중, 히스기야는 죽을병에 걸리고 말았습니다(20:1).

1. 만일 당신이 이런 전갈을 받았다면 어떤 반응을 보일까요?

히스기야는 어떠했습니까? (20:2,3)

그 결과는 어떠했습니까? (20:5,6)

2. 이제, 그는 덤으로 받은 15년을 살게 되었습니다. 단지 하나님의 은혜로 회복된 그가 범한 결정적인 실수는 무엇이었습니까? (사 39:1,2)

THINK

이러므로서 그는 자신의 부와 군사력을 '과시' 했을 뿐만 아니라 바벨론과 '군사 동맹' 을 맺으려 한 것이다. 이는 교만과 불신이 빚어낸 행위였다. 깊은 체험이 있었음에도 불구하고…

3. 이 일은 하나님의 어떤 진노를 야기 시킵니까? (사39:6)

그는 자기의 교만을 뉘우쳤기 때문에 그의 생전에는 심판이 임하지 않았습니다. 심판은 연기된 것입니다(사 39:8).

더 깊은 생각을 위하여

응답으로 주신 15년은 분명 하나님의 은혜였다. 그러나 불행하게도 그 동안 그의 영혼은 연약한 자리로 빠져 들어갔다. 우리는 우리의 최선을 알지 못한다. 진실로 "선 줄로 생각하는 자는 넘어질까" 조심해야 한다(고전10:12). 그는 끝내 유다의 구원을 이룰 수 없었다. 그의 실패는 참 중보자, 그리스도를 탄식하며 고대케 한다.

성찰

내가 만일 예고된 시간만큼만 살아야 한다면- 나의 자세는 어떠해야 할까?

34과

요아스

하나님이 지키신 등불

읽을말씀 : 열왕기하 11장

초　　점 : 하나님은 자신의 시간표 속에서 어떻게 약속을 지켜 가시는가?

스 케 치 : 요아스 ('여호와께서 주신다')는 남 유다 다윗 왕조의 9대 왕이다. 그는 부친 아하시야의 뒤를 극적으로 이어, 40년간 나라를 통치했다. 그는 재위 중 성전을 수리하고 신앙을 부흥시키기도 했으나 종말에는 선지자의 가르침을 멸시하고 결국 살해되고 말았다.

탐구1 지켜지는 등불

그의 부친 여호람 처럼 바알 숭배를 돕던 유다 왕 아하시야는 북 이스라엘 왕 요람이 예후에게 죽임을 당하는 현장에 갔다가 함께 죽고 말았다(왕하 9장).

1. 이 소식을 접한 유다 왕궁에서는 뜻밖의 일이 진행 되는데… 간략히 상황을 묘사해 보십시오(왕하11:1,2).

2. 여기에 나타난 두 여인을 비교해 보십시오.
   (　　　) ← 아합과 이세벨의 딸, 악함, 사탄의 도구
   (　　　) ← 여호람의 딸이며 여호야다의 아내, 선함, 하나님의 도구

   당신은 자신의 손자들을 죽인 할머니를 상상할 수 있겠습니까? 그러나 사실이었습니다(대하22:11). 그녀는 유다 왕좌의 후손들을 모두 죽이고 사악한 권세를 누리길 원했습니다. 또한 하나님을 거스리는 분노에서 왕의 후손을 살해한 것입니다. 이때 등불이 거의 꺼져가는 듯했습니다(시132:17). 그러나 하나님의 어떤 약속이 있었습니까? (왕하 8:19)

| THINK |

하나님의 약속은 결코 없어지지 않는다. 하나님은 다윗에게 하셨던 자신의 약속을 잊지 않으셨다. 하나님께서는 한 연약한 아기를 지켜보고 계셨다!

3. 요아스는 어디에 숨겨졌습니까? (11:3)

   여호와의 집에 요아스를 숨김으로써 그는 하나님의 특별한 보살핌 아래 있었습니다(시 27:5).

탐구2 요아스의 준비와 훈련

1. 아이는 6년 간 성전 안에서 비밀리에 양육되고 있었습니다. 그동안 아달랴의 손에서 유다는 어느 지경에 이르렀습니까? (11:18;12:5)

____

그러나 제7년이 되던 해, 제사장 여호야다의 주도하에 왕자 요아스는 나타나게 됩니다. 모든 위험을 사전에 제거한(11:4-8) 대관식이 성전 뜰에서 거행되었습니다.

2. 요아스에게 주어진 왕으로서의 증서는 무엇 입니까? (11:12)
① ________ ←왕의 권세　　　　그리고
② ________ ←통치의 지침　　　백성들의 만세와 박수
③ ________ ←영적 축복의 증거

공의로우신 하나님은 아달랴에게 합당한 최후를 허락하셨습니다 (11:15,16).

3. 이제, 왕이 입궁하기 전에 어떤 일들이 먼저 시행되었습니까?
(11:17)→ ______________________
(11:18)→ ______________________

탐구3 의로운 통치와 변절

요아스가 제사장 여호야다의 지도를 받으며 통치를 시작한 것은 7세 때였습니다. 여호야다는 정규적인 예배와 법도를 재건키 위해 관리들을 임명했습니다 (23:18,19).

1. 요아스의 통치 기간 중에 성취된 가장 중요한 일은 무엇입니까? (12:4,5) (참조, 대하 24:7-14)

____

| THINK |

이 당시에 북 왕조에 있었던 변화는 정치적인 것이었으나, 유다의 것은 순전히 종교적이었다. 북 왕조에서는 왕조가 바뀌었으나 유다에서는 원 상속자가 왕이 되었다.

2. 그러던 중 여호야다가 130세로 죽었습니다(대하 24:15,16). 열왕기하 12:2은 요아스의 후기 통치의 어떤 면을 암시합니까?

사실, 어떤 일들이 있었습니까?
(왕하 12:17,18) →
(대하 24:19-21) → (참조, 마 23:35)

3. 사람의 몸안에는 기생충이 있을 수 있고, 식물의 세계에도 숙주나무에 붙어서 사는 기생나무가 있다. 이들은 숙주나무가 죽으면 덩달아 죽습니다. 요아스의 신앙을 '기생 신앙' 이라 할 수 있다면-이 사실은 오늘 당신에게 어떤 교훈을 줍니까?

|THINK|

요아스가 모든 명예를 잃은 결정적인 일은 은인의 아들을 성전에서 속죄일에 돌로 쳐 죽이도록 명한 것이었다. 얼마나 인간은 은혜를 잊는데 익숙하며 쉬 악에 빠질 수 있는가!

더 깊은 생각을 위하여

"사탄은 언약의 구주-여인의 후손-가 태어날…후손들 중 남자들을 멸절시키려 하였다. 그러므로 장차 오실 자인 약속된 구세주요 여인의 후손을 불가능하게 만들기 위한 하나의 도전을 감행했던 것이다." 그러나 그리스도의 모형을 낳기 위한 여호와의 열심은 이 궤계를 부숴뜨린 것이다.

성찰

만약 하나님께서 다윗의 집에 대하여 그의 약속을 성실하게 지키지 않았다면 어찌 되었을까?

35과

요시야

강력한 개혁자

읽을말씀 : 열왕기하 23장

초　　점 : 그리스도의 모형인 요시야는 어떤 면에서 그리스도를 추구하게 되는가?

스 케 치 : 요시야 ('여호와께서 기초를 두심')는 유다의 16대 왕으로서 8세에 왕위에 올랐다. 그는 대제사장 힐기야의 가르침에 순종하여 어린 나이에 개혁을 단행하였다. 성전에서 율법 책을 발견한 후 회개와 개혁에 더 박차를 가하였으며, 이처럼 율법을 온전히 준행한 왕은 전에도 후에도 없었다.

탐구1 묻혔던 율법

간간이 나타난 개혁자들이 있음에도 불구하고 유다는 그 종말을 향해 곤두박질하고 있었습니다. 이때 하나님은 다시 한 번 한 개혁자(B. C. 640~608)를 일으켜 세우십니다. 여기서 잠시 두 왕국을 요약, 비교해 봅시다.

	이스라엘 (북쪽)	유 다 (남쪽)
왕 족	9 개	1 개 (다윗의 집)
왕	19명 (선한 왕 없음)	20명 (선한 왕 8명)
개 혁	없 음	4 번
종 말	앗수르에 의해 이산	바벨론에 의해 추방

1. 어린 요시야가 즉위할 때 쯤 국제 정세는 격동의 세기였습니다. 앗수르와 애굽은 약소해가고 신흥 바벨론이 두각을 나타내고 있었습니다. 요시야 왕은 8년째부터 종교 개혁을, 12년째부터는 모든 우상들을 제거했으며(대하 34:1-8), 18년째부터는 무엇을 시작합니까? (왕하 22:4-6)

그는 가장 강력한 개혁자였으며 경건한 왕이었습니다.

2. 황폐된 성전을 중수하던 중, 힐기야는 무엇을 발견합니까? (22:8)

이 율법 책은 이미 오래 전에 잊혀져 있었습니다. 그것은 '모세오경'이었을 것입니다. 그것이 왕 앞에서 읽혀질 때 왕의 반응은 어떠했습니까? (22:11)

당신이 진정 옷이 아닌, 마음을 찢은 것은 언제입니까?

사반이 읽은 율법 중에는 범하는 자들에게 내릴 저주(신28장;레26장)가 있었을 것입니다.

3. 그 내용을 깊이 알기 위해 왕은 어떤 조치를 취했습니까? (22:14)

여호와의 진노의 내용은 무엇이었습니까? (22:17)

4. 유다 왕국이 하나님의 노를 피하기에는 너무 늦었습니다. 때문에 요시야는 여호와 앞에서 겸비하여 통곡했습니다. 이런 태도가 어떤 결과를 가져왔습니까? (22:19,20)

| THINK |

그의 눈물을 보시고 여호와께서는 유다 왕국에 내릴 심판을 보류하셨다. 여호와께서는 노하기를 더디 하시며 용서하시기를 기뻐하시는 분이다. 상한 심령을 찾으시는 것이다.

탐구2 완전한, 그러나 불완전한 구원

요시야 왕은 유다에 임할 하나님의 심판이 확실한 것임을 알았지만, 그는 유다 왕국의 종교 개혁을 단행하기를 원했습니다.

1. 맨 먼저 어떤 일을 시작합니까? (23:1,2)

또한 백성들로 하여금 무엇을 하도록 합니까? (23:3)

하나님께서 시내 산에서 이스라엘 백성들과 맺은 언약을 이스라엘 백성들이 깨뜨렸기에, 이제 또 다시 하나님 앞에서 언약을 맺게 하셨습니다.

2. 요시야의 과감한 우상 타파는 유다의 경계를 넘어 어디까지 미쳤습니까? (23:15,16)

| THINK |

이 일은 이미 약 300년 전에 유다에서 온 선지자가 '요시야' 라는 이름까지 들어 예언했던 일이었다(왕상13:1-10). 다윗 집의 아들은 여호와를 경시한 자들에 대하여 '여호와의 보수 자' 로 나타난 것이다. 어느 날 다윗의 장자(Great Son) 되신 그리스도께서는 마지막 심판을 내리실 것이다.

심지어 금송아지 제사를 주관하던 제사장들의 묘실까지 파헤쳤습니다.

3. 또한 무엇을 회복시켰습니까? (23:21,22)

이처럼 성대한 유월절이 전에는 없었습니다. 애굽으로 부터의 구원을 기념하는 날-진실로 요시야 같은 왕은 전에도 후에도 없었습니다(23:25). 그는 훗날 애굽과의 전투에서 죽음으로써 사실상 자기 조국의 쓰라린 종말을 겪지 않고 부름 받았습니다.

더 깊은 생각을 위하여

요시야가 회복시킨 유월절이 유다 위에 내릴 심판을 '넘어가게' 하였는가? 아니다. 오히려 요시야의 사후에 유다는 수년간 애굽의 속국이 되었다. 그들이 지킨 유월절과 양들의 피가 백성들을 온전히 구할 수는 없었다. 그러나 우리는 어떠한가? 유월절 어린 양이신 예수님의 보혈로 온전한 구원을 얻게 되었다.

성찰

요시야 왕이 할 수 없었던 백성들의 마음의 개혁이 오늘 우리에게는 어떻게 가능케 되었는가?

36과

에스더

구원자의 영광

읽을말씀 : 에스더 4장

초 점 : 한 개인의 순수한 용기와 열정은 하나님에게 어떻게 쓰일 수 있는가?

스 케 치 : 에스더(Esther, '별')는 베냐민 지파 아비하일의 딸로서 히브리 이름은 하닷사이다. 일찍이 부모를 여의고 사촌 오빠 모르드개의 손에서 양육되었다. 바사 왕 아하수에로 치세 3년에 왕비로 간택되었으며 그 후 반유대주의자인 하만으로부터 자기 민족을 구해낸다.

탐구1 왕비가 된 포로 처녀

이 이야기는 바사의 포로가 되어 끌려간 하나님의 백성들이 이방 땅에서 겪는 내용입니다. 그러나 유대인들은 이방 족속 가운데서도 다시 한 번 증인이 되어야 했습니다. 에스더서는 실제 '모르드개서'라고도 할 수 있을 것입니다. 그는 평소에도 왕궁의 동향에 관심을 가지며 자기 민족의 복지에 힘쓰고 있었습니다.

1. 그러던 어느 날 그는 어떤 소식을 접하게 됩니까? (에2:2-4)

곧 에스더는 예비 후보로 뽑혀 일 년간 교육을 받게 됩니다. 모르드개는 그녀에게 어떤 당부를 합니까? (2:10)

그것은 포로 유대인들이 바사 사회에서 불리한 위치에 있었기 때문입니다.

2. 드디어 에스더가 왕 앞에 나아갈 때 어떤 일이 생깁니까? (2:17)

그녀가 왕비가 된 후(B.C.478) 어떤 일이 있었습니까? (2:21,22)

그러나 그 공을 세운 모르드개에게는 아무런 상도 주어지지 않았습니다.

| THINK |

우리가 마음속에 여호와를 위한 선한 생각을 품고 있다 하더라도 하나님께서는 때때로 우리를 기다리게 만드신다.

탐구2 무서운 음모

당시 아하수에로 왕은 세계사에 크셀크체스(Xerxes, B.C. 486~465)로 알려진 왕이었습니다. 그는 아각 사람 하만을 수상의 자리에 앉혔습니다. 그런데….

1. 어떤 일이 발생합니까? (3:2)

이 일로 인한 하만의 분노는 어디로까지 확장됩니까? (3:6)

| THINK |

아각은 사울 왕이 불순종하며 살려주었던 아말렉 왕을 가리킨다(삼상15장). 그 불순종이 오늘의 이 같은 화근이 되었던 것이다. 죄의 화근을 제거하라!

2. 하만의 계략은 어떻게 급진전됩니까? (3:7,10)

결국, 그해 12월 13일은 어떤 날로 작정 되었습니까? (3:13)

3. 상황은 심각했습니다. 이때 모르드개의 태도는 어떠했습니까? (4:1,2)

그리고 에스더에게 무엇을 보냅니까? (4:8)

그러나 왕궁의 규례가 에스더를 막고 있었습니다. 이때 모르드개의 권면의 말을 쉽게 각자의 말로 써보십시오(4:14).

이 말이 오늘 내 삶에 어떻게 적용될 수 있을까요?

탐구3 거꾸로 도는 수레바퀴

1. 에스더는 모든 유대인들에게 3일간 금식하며 기도할 것을 요청하고, 자신도 그러했습니다. 그 후 그녀의 결심은 어떠했습니까? (14:16 하)

제 삼일에 나온 에스더에 대한 왕의 심정은 사랑으로 가득했습니다. 그리고 어떤 기회를 허락합니까? (5:3)

에스더는 잔치를 준비했고 왕과 더불어 하만을 초청했습니다. 이미 모르드개를 위한 교수대는 준비되어 있었습니다.

2. 그날 밤, '잠을 못 이룬' 왕은 무엇을 발견합니까? (6:2,3)

___

이 일이 어떻게 진행됩니까? (6:10)

___

이미 역사는 거꾸로 돌기 시작했습니다(6:13). 하나님이 돌리시는 수레바퀴를 인간이 돌이킬 수는 없습니다.

3. 둘째 날, 잔치에서 에스더는 무엇을 합니까? (7:3,4)

___

진노한 왕은 어떤 결정을 내립니까? (7:9,10)

___

내려진 학살 명령은 오히려 음모자들에게 실행되어지고(8:11), 모르드개는 존귀해졌으며 (8:15), 유대인들은 당당한 백성이 되었습니다. 그리고 이 날은 대대로 유대 명절인 부림절이 되었습니다.

더 깊은 생각을 위하여

이 책에는 하나님의 이름이 한 번도 나오지 않지만, 하나님의 손길이 가장 뚜렷하게 나타난 책이다. 만일 히브리 민족이 그리스도가 세상에 오시기 500년 전에 전멸되었다면 인류의 운명은 달라졌을 것이다. 오래 전에 이 아름다운 유대인 여자는 이러한 사실을 알지 못했지만 구세주의 오시는 길을 예비했던 것이다.

성찰

에스더의 사건들 속에서 하나님의 구체적인 간섭하심을 몇 가지나 말할 수 있겠는가? 나의 지난 삶 속에도 이런 일이 있었는가?

37과

이사야

심판과 위로의 메시지

읽을말씀 : 이사야6:1-13

초　　점 : 하나님은 복종하는 한 사람을 통하여 무엇을 하셨는가?

스 케 치 : 이사야 ('여호와께서 구원하셨다') 는 유다 말기의 네 왕 시대에 유다와 예루살렘에 대하여 예언하였으며, 주로 예루살렘에서 활동하였다. 그는 환상을 기록하기도 했으며 말씀에 의한 최초의 대선지자이다. 그는 유다의 장래를 예언하였으며 예루살렘이 의의 성읍이 될 것과 평화가 오고 하나님이 거하실 것을 예언하기도 했다.

탐구1 인간 이사야

1. 선지자 중에는 일반 대중에게 말로만 알린 사람과 글을 남긴 사람이 있습니다.
   다음을 구분해 보십시오.
   엘리야, 엘리사, 하나니, 나단, 에스겔, 호세아, 아모스

   특히 이사야는 어느 편에 속할까요?

2. 예언서들은 B.C. 840~420년까지의 기간에 쓰여졌는데 분량에 따라 대선지서와 소선지서로 나눌 수 있습니다. 대선지서 4권을 알 수 있습니까?

3. 그가 산 시대-이사야 1:1을 보면 그의 공적인 사역이 어느 시대에 이루어졌습니까?

   특히, 히스기야 시대에 성전 예배의 형식은 지켜졌으나 백성은 모든 종류의 죄를 범하고 있었습니다. 이 상황에서 선지자의 소리가 필요했습니다(1:2-9;3:12).

4. 그의 성격- '이사야는 담대했고 성실했다. 왕에게라도 충고하기를 두려워하지 않았고 타협을 몰랐다. 그는 동포를 사랑했고 강한 믿음의 사람으로 물질에 대한 집착이 없었다.' 위에 비춰볼 때 당신에게 부족한 면은 무엇입니까?

   열왕기하 20:12-19의 상황을 간단히 말해보십시오.

탐구2 소명과 위임

회개를 위한 이사야의 민족적인 초청(1~5장)이 너무나 급했기 때문에 선지자로서의 자신의 개인적인 소명과 위임 사실에 대한 기록은 제6장까지 미루어야만 했습니다.

1. 이사야 6:1-4를 보면 여기서 중심인물은 누구입니까?

1절의 보좌는 어디에 있었습니까?

2. 이사야의 반응은 어떠합니까? (6:5-7)

|THINK|

여기서 이사야는 패역한 자기 동포와 자기 자신이 하나인 것으로 말하고 있다!

3. 8-10절을 보면 이 부르심은 일반적인 것이었습니까, 혹은 개인적인 것이었습니까?

여기서 보내는 주체는 누구입니까?

|THINK|

그렇다. 이사야는 그 일의 주체가 하나님이신 것을 알았다. 하나님이 보내실 때 나는 갈 수 있다. 결코 하나님보다 앞서지 말라.

탐구3 그의 메시지

역사상 선지자 이사야만큼 자기 시대를 크게 좌우했던 인물은 별로 없었을 것입니다. 1~39장은 이사야 당시의 부도덕과 우상 숭배를 지적하며 심판을 경고했고, 49~66절은 심판 너머에 있는 소망과 위로를 말하고 있습니다.

1. 정죄에 관한 설교-유다의 땅은 어떻게 될 것입니까? (1:7-9)

그리고 그의 백성은 어떻게 됩니까? (39:6-7)

그러나 어떠한 날이 약속됩니까? (2:2-4)

---

2. 이 모든 일들은 훗날에 오실 메시야를 통해서 이루어지게 될 것입니다. 장차 오실 분은 어떤 분입니까?
   - 7:14 → ____________________
   - 11:10 → ____________________
   - 53:5 → ____________________
   - 61:1-3 → ____________________

3. 그리스도를 '평강의 왕' (9:6)으로 예고하는 이사야는, 궁극적으로 이루어질 어떠한 날을 바라보고 있는 것입니까?
   - 65:17→ ____________________

※ '창조하나니' : 무에서 유를 만들 때 사용하는(창1:1) 이 단어 '바사' 는 종말에 도래할 새 하늘과 새 땅이 과거의 것과는 전혀 다름을 나타낸다(계21:1).

더 깊은 생각을 위하여

이사야의 예언 중에 유다와 이스라엘과 이방 나라들에 관한 예언이 성취되었다는 사실은 (13:1;16:1등) 곧 예수님의 재림과 그의 나라에 대한 예언적 성구들도 역시 성취되리라는 것을 의미한다.

성찰

우리 생애 가운데 하나님은 우리 위치와 지위를 문제 삼지 않고 우리를 사용하실 수 있다. 이 시대에 내가 할 수 있는 일은 무엇일까?

38과

예레미야

비탄의 선지자

읽을말씀 : 예레미야 18장

초　　점 : 그리스도인은 무엇 때문에 박해를 받게 되는가?

스 케 치 : 예레미야 ('여호와께서 지명하신 자') 는 힐기야의 아들로서 젊은 날에 부름을 받고 활동을 시작한다. 요시야 제13년(B.C.626)부터 시드기야 제11년 말까지 예루살렘의 백성이 사로잡혀 갈 때까지 약 41년간 사역한다. 그는 동포의 반대와 박해 속에 살아가며 끊임없이 가르치고 예언하였다.

탐구1 선지자로서의 사명

이사야가 죽은 지 약 60년 후 하나님께서는 심판의 전야에 즈음하여 21세 전후의 한 젊은 청년을 부르셨습니다.

1. 예레미야가 산 시대의 역사(왕하 22~35장)를 보면 하나님의 진노를 살 만한 일들을 다 저질렀습니다. 당시 유다의 도덕적 상태는 어떠했습니까? (렘 5:31)

___

'왕궁 안의 귀머거리들' – 요시야, 여호아하스, 여호야긴, 시드기야…이들 중에서 요시야 왕 외에는 선지자를 대적하거나 무시했습니다.

2. 1:4–10을 읽고 다음 내용을 완성해 보십시오.
   · 그는 태어나기 전에 이미 (4,5절) ___
   · 그는 어리고 경험이 없어서 (6,7절) ___
   · 그러나 하나님께서는 (8절) ___

그리고 그는 하나님께서 친히 그 손을 내밀어 그의 입에 대시며 주신 메시지를 받았습니다. 당신의 경우, 위 항목들 중 연관되는 것이 있습니까?

___

탐구2 선포와 반발

1. 범죄한 백성에 대해 외칠 때(2:4–8) 어떤 반응이 예상됩니까?
   · 11:8 → ___
   · 20:1–3 → ___
   · 37:11–16 → ___

물론 예수님도 배척을 받았습니다. 당신의 경우 이러한 유의 고통을 받은 적이 있습니까?

___

2. 그러나 그러한 현장에서 예레미야의 태도는 어떠했습니까? (20:4,6)

교회를 비웃는 사람들이 곁에 있을 때 당신은 어떻게 하겠습니까?

탐구3 슬픔과 애가

예레미야는 그의 나라와 동족을 사랑했습니다. 심판을 전하는 그의 마음은 너무도 아팠습니다(9:1).

1. 드디어 어떤 간구를 하게 됩니까? (20:7,8)

그러나 그렇게 할 수는 없었는데 그 이유는 무엇이었습니까? (20:9)

이러한 안타까움이 내게 있습니까?

2. 16:1-4을 볼 때 그는 왜 더 고독했을까요?

심지어는 아나돗 작은 마을에 있는 친구들마저 포기해야 했습니다. 당신의 경우에는 하나님 편에 서기 위하여 포기한 어떤 것 (혹은 사람)이 있습니까?

3. 그러나 예레미야의 메시지는 빛나는 소망을 지향하고 있었습니다. 18:1-5을 읽으십시오. 이스라엘의 경우는 무엇으로 비유될 수 있습니까?

6,8절은 어떤 소망을 줍니까?

4. 31:31-34은 모세의 율법을 교체할 수 있는 '새 언약' 입니다. 그 내용을 나누어 보면
 · 지식 - "내가…
 · 복종 - "그 마음에…
 · 성별 - "나는 그들의…

· 교제 – “모든 이가… ______________________________

· 용서 – “내가 그들의… ______________________________

※ 더 깊은 생각을 위하여

새 언약은 그리스도의 구속사적 사역에 의해 이루어졌다. 그것은 다윗의 자손 예수로 말미암아 행하여진 은혜의 언약이다. (33:15–18;31:31–34↔히 8:7–13)

※ 성찰

과연 진실한 그리스도인도 세상에서 어려움을 당하는가?

39과

에스겔

배척받는 외침

읽을말씀 : 에스겔 37장

초　　점 : 인간들의 연약함과 하나님의 회복에 대한 열망

스 케 치 : 에스겔 ('하나님께서 강하게 하심')은 제사장 부시의 아들로서 바벨론 포로 초기 때 활동하였던 제사장인 동시에 예언자이다. 그는 B.C.597년 1차포로 이송 때 여호와긴 왕과 함께 바벨론에 온 후, 포로 생활 5년째 되던 해에 소명을 받고 여러 가지 상징과 비유로써 예루살렘과 이스라엘의 멸망을 예고했다.

탐구1 민족의 파수꾼

에스겔은 포로지에 있는 동족들에게 심판과 소망 모두에 관해 설교하도록 하나님의 부르심을 받았으나 그의 임무는 너무나 환영받지 못하는 일이었습니다.

1. 그러므로 하나님은 먼저 무엇을 보여주십니까? (1:3 이하)

   ____

   이 일은 에스겔에게 어떤 영향을 끼쳤을까요?

   ____

   이렇게 사명을 주시고 그에 상응하는 능력을 주시는 경우를 성경의 다른 곳에서 본 기억이 있습니까?

   ____

2. 에스겔에게 이스라엘 백성의 상태를 어떻게 지적하라고 하십니까? (2:4)

   ____

   그는 이미 귀머거리가 된 동족들에게 어떤 방식으로 외칩니까? (힌트, 네 절이 같은 내용이다. 6:7,10,13,14)

   ____

   당신의 경우, 똑같은 교훈이 반복되는데도 고쳐지지 않는 부분이 있습니까?

   ____

3. 하나님은 그를 무엇이라고 부르십니까? (3:17)

   ____

   그러나 백성들은 그를 어떻게 대할 것입니까? (3:25)

   ____

예루살렘 함락이 실제로 있기 11년 전에 포로가 된 에스겔은 다가오는 예루살렘의 함락, 즉 가까이에 있는 심판을 계속 경고하여야만 했습니다. 물론 유다의 대적들과 애굽에도 심판은 내려질 것입니다. (25~32장)

4. 다음은 에스겔의 선지자로서의 활동을 간략하게 묘사한 것입니다. 관계있는 것끼리 연결해 보십시오.

수염을 깎음 (5:1-4) ·	· 유다가 바벨론으로 옮겨질 것임
행장를 옮김 (12:1-7) ·	· 이는 백성들 개개인을 말함
끓는 가마 (24:1-14) ·	· 안타까운 심정
손뼉 치며 (6:11) ·	· 다가올 전쟁의 혹독함 예고

탐구2 앞에 있는 소망

그러나 일단 예루살렘이 무너지고 그 거민들이 포로로 잡혀가게 되자 '심판의 선포자 에스겔' 은 소망의 시여자(施與者)로 변신합니다. 어느 날 하나님이 자기 백성을 회복시키실 것입니다.

1. 이제 이스라엘에는 어떤 일이 일어 납니까? (36:10)

심판 뒤에는 하나님께서 자기 백성을 다시 모으실 것이고 회복시키실 것입니다.

|THINK|

현대에 와서 몇 십년 안에 이루어진 이스라엘 나라의 부활
① 유대인들이 성지로 (2차대전 이후 대규모로) 돌아옴.
② 이스라엘 새 정부의 수립 (1948.5.14).
③ 아랍 국가들의 대한 승리 (1956.5.7).

2. 에스겔서의 앞부분과 뒷부분을 비교할 때 하나님의 영광이 어떠합니까? (비교, 8:6↔43:1-5)

오늘날 하나님이 거하시는 성전은 더 이상 벽돌 건물이 아닙니다. 그러면 무엇입니까? (고전 6:19-20)

37:1-10의 광경을 묘사해 보십시오. 그것은 무엇을 상징합니까? (6:11-14)

ITHINK I

한때 당신은 그 뼈들처럼 생명도, 소망도, 삶의 목적도 없었던 때가 있었다. 그러다가 당신은 그리스도를 만났고 그분이 당신에게 영적 생명을 불어 넣으셨던 것이다.

더 깊은 생각을 위하여

에스겔이 결론짓고 고백한 "여호와께서 거기 계시다"(48:35)라는 말이 요한계시록에서는 반복된 주제가 되고 있다. 하나님이 함께 거해 주신다는 그 사실이 새 하늘과 새 땅에 있는 이들의 가장 큰 기쁨이 된다.

성찰

나는 설교 말씀을 들을 때 죄의 지적과 위로-어느 한쪽만을 추구하고 있지는 않은가?

40과

다니엘

이방 땅의 선지자

읽을말씀 : 다니엘1장

초 점 : 이방 땅에서 하나님의 사람은 어떤 모습으로 존재할 수 있겠는가?

스 케 치 : 다니엘 ('하나님은 나의 심판이시다')은 유다 지파의 왕족으로 바벨론에 잡혀간 (B.C. 605) 사람 중의 하나이다. 그는 왕궁 소년으로 발탁되어 교육을 받으나 그로 인하여 신앙의 시련도 겪게 된다. 그는 후에 이방 나라에 관한 왕들의 꿈을 해몽하고 유다에 관한 예언적인 환상을 보기도 한다.

탐구1 이방 땅의 하나님의 사람

아직 어린 소년으로 사로잡혀간 다니엘은 하나님에 의해 '왕궁 안의 선지자' 로 사용되고 있는데, 그는 하나님의 의로우시고 전 세계적인 통치권을 가지고 이방 나라 왕들과 대결 합니다.

1. 다니엘 1:8-15을 읽고 상황을 간단히 말해 보십시오.
8절에서 다음에 해당되는 부분을 찾아보면,
※다니엘의 성품 · 성결을 추구→ ____________
· 강한 의지→ ____________
· 예의 바름→ ____________

위 항목 중에서 당신에게 부족한 부분은 어느 것입니까?

____

2. 다니엘은 신약시대의 요한과 같이 구약시대의 주님의 마음을 차지했을 것입니다. 9:23, 10:11,19에서 공통적으로 나타나는 말은?

____

그가 끝까지 용기를 잃지 않을 수 있었던 비결은 무엇입니까? (3:25)

____

3. 어느 날 느부갓네살이 만든 것은 무엇이었습니까? (3:1)

____

모든 사람이 그것에 경배할 때 다니엘과 친구들은 어떠했습니까? (3:12)

____

이러한 결단에는 어떠한 각오가 필요했을까요?

____

그 결과는 어떠했습니까? (3:19-23)

____

더구나 느부갓네살 왕은 '다니엘의 하나님' 을 찬양케 되었습니다.

4. 그 후 다니엘과 세 친구들은 바벨론의 정치적 지위에서 급속히 진급하였습니다(3:30 ; 5:29). 이 현상은 다른 관료들에게 어떤 반응을 야기 시켰을까요?

당신의 경우, 이와 유사한 태도를 가진 적은 없었습니까?

드디어 그들은 음모를 꾸미기 시작합니다.

5. 그들이 볼 때 다니엘의 유일한 약점은 무엇이었습니까? (6:5)

음모의 내용은 무엇입니까? (6:7)

6. 그럼에도 불구하고, 다니엘은 하루에 세 번씩 하나님께 무릎 꿇어 기도했습니다. 결국 어떤 일이 벌어집니까? (6:15,17)

그 결과는 어떠합니까? (6:22,24)

다니엘이 하나님의 편이 되는 한, 그는 결코 패할 수가 없었습니다. 그는 다리오 왕과 고레스 왕의 시대에까지 형통하였습니다(6:28).

탐구2 해몽과 환상

1. 느부갓네살의 꿈(2:36-45)에 대한 해석은 다니엘만 할 수 있었습니다. 다니엘은 꿈 해석에 대한 모든 존귀를 누구에게 돌렸습니까? (2:28-30)

또한 다니엘은 왕의 3가지 환상을 해석합니다(4장). 그는 하나님이 '아직도' 인간과 나라들을 다스린다는 것을 느부갓네살에게 말해야 했습니다.

2. 또한 느부갓네살의 손자인 벨사살이 행한 일은 무엇이었습니까? (5:1,2)

이때 벽에 손가락이 나타나 글을 썼고 (5:5), 이에 다니엘이 해석한 바 그 내용은 무엇이었습니까? (5:25-28)

그날 밤에 벨사살은 죽임을 당하였고 다리오가 그 나라를 취하였습니다. 다니엘의 말년에 여호와께서 꿈속에 나타나셔서 세상 세력들의 흥망과 장래의 이스라엘에 대하여 환상을 보여 주었습니다. 그는 거의 72년간 이방 땅에서 살지 않으면 안 되었으나 하나님을 위해 그의 모든 생애를 포로지에서 바쳤습니다.

더 깊은 생각을 위하여

다니엘은 하나님께서 장차 올 시대를 요약하는데 사용하실 수 있었던 인물이다. 하나님께서 다니엘에게 말하도록 명하신 모든 것이 장차 되어질 일을 제외하고는 모두 성취되었다. 모든 예언들의 역사 속에서 성취된 것이다. 다니엘의 70주는 아직도 장래에 이루어질 예언이다.

성찰

다니엘이 이방 땅에서 살았듯이 오늘 나도 이 땅에서 '외국인과 나그네' 로 살아가고 있는가?

41과

느헤미야

신념의 건축자

읽을말씀 : 느헤미야 1,2장

초 점 : 하나님은 그의 일을 하는 자를 어떻게 도우시는가?

스 케 치 : 느헤미야 ('여호와의 위로')는 B.C. 597년에 바벨론의 포로가 된 스룹바벨 과 같이 귀환한 인솔자의 한 사람으로서, 수산궁에 있었던 유대인 하가랴의 아들이다. 그는 아닥사스다 왕의 허락을 받고 예루살렘 성을 중건했으며 12년간의 임무를 마치고 바벨론으로 돌아갔다.

탐구1 위대한 중보기도

스룹바벨이 귀환한지 1세기, 예루살렘 성전은 복구되었지만 성벽들은 여전히 황폐해져 있었습니다.

1. 바사 왕 아닥사스다(에스더를 왕비로 삼은 아하수에로 왕의 아들)의 궁에서 관직에 있던 느헤미야는 어떤 소식을 듣습니까? (1:2,3)

무너진 성벽은 적들의 끊임없는 공격을 불러들였던 것입니다.

2. 이 소식을 들은 느헤미야의 반응은 어떠합니까? (1:4)

이때부터 그는 위대한 중보기도를 시작합니다(1:5-10). 그는 하나님께서 어떻게 하실 것을 구합니까? (1:11)

당신은 이러한 기도의 예를 자주 볼 수 있습니다(스9:5-15 ; 출 32:11-14 ; 단9:1-9 ; 골 1:9-13). 요즈음 어떤 중보기도를 드리고 있습니까?

|THINK|

느헤미야는 B.C. 458년 이스라엘의 성전 재건 공사 중지의 소식을 듣고도 하나님 앞에 무릎을 꿇었던(스4:7-21)기도의 사람이었다.

탐구2 성벽 공사와 방해들

하나님께서는 왕의 마음을 감동시킴으로써 느헤미야의 기도에 응답하셨고 그는 성벽 재건을 위한 순례 원정대 제3진을 이끌고 예루살렘에 돌아옵니다.

1. 그러나 대적들의 반응(2:10,19)은 좋지 않습니다. 이때 느헤미야는 어떻게 격려합니까? (2:20)

외부의 반대와 내부의 압력은 공사가 시작되기도 전에 증가됩니다. 그러나 그는 그때그때 어떤 대책으로 대응해 나갑니까?

· 비웃음 (4:3)→(4:4,5)
· 폭행 (4:8)→(4:13,14)
· 탐욕 (5:6,7)→(5:10)

당신은 위와 유사한 경우에 어떻게 대응합니까?

| THINK |

느헤미야의 박해자들은 성경 밖의 자료들 가운데서도 눈에 띄고 있다. 성가시게 굴던 산발랏은 고대 파피루스 사본에 보면 사마리아의 총독으로 밝혀져 있다.

2. 성벽 재건축 공사가 계속 진전되자 대적들은 공격 방법을 '교묘한 음모' 로 바꾸었습니다. 스마야는 무엇을 원했습니까? (6:10-14)

이때 느헤미야는 하나님의 뜻을 어떻게 알 수 있었습니까? (6:14)

| THINK |

당신이 성경을 통달한다는 것은 그저 하나의 좋은 생각에 지나는 것만은 아니다. 지혜로운 하나님께 영예를 돌리는 결정을 내리기 위해 절대 필요한 것이다 (벧후 3:18).

3. 그럼에도 불구하고 느헤미야와 헌신된 벽돌공들은 단 52일 만에 성곽을 준공 합니다. 대적들까지도 무엇을 알아차리게 됩니까? (6:16)

탐구3 성 안의 회개와 부흥

성벽이 완성된 후 느헤미야는 감독으로서 임명하고(7:1) 위임하고(7:2) 조직화(7:3)하는데 새로운 지도력을 활용케 됩니다. 무엇보다도 그는 예루살렘 거민들의 신체적인 복지보다 영적인 안녕을 도모합니다.

1. 거국적 규모의 부흥이 시작되었을 때 그들은 무엇을 맹세합니까? (10:29)

2. 몇 년 후 느헤미야는 자기 민족에게 나타나는 문제들을 목격합니다. 어떻게 처리합니까?

13:4-19→

13:10-14→

13:15-22→

더 깊은 생각을 위하여

느헤미야서의 마지막 부분은 이스라엘의 역사 중 '침묵의 400년'을 소개하고 있다. 그 후 4세기 동안 이스라엘의 철저한 죄 때문에 어떠한 선지자라도 하나님을 대변하지 않는다. 느헤미야와 동시대 사람 이었던 말라기는 당시 백성의 완악함에 대하여 4장짜리 신적인 주석 '말라기' 를 쓰고 있다.

성찰

당신의 삶 속에서 결코 '중단될 수 없는 일' 은 무엇이라고 생각하는가?

42과

호세아

상한 마음의 선지자

읽을말씀 : 호세아 6장

초 점 : 인간들의 불성실함을 능가하는 하나님의 자비로우심

스 케 치 : 호세아('구원')는 여로보암 2세의 전 통치기(B.C.793~753) 약 40년 동안에 걸쳐 활동한 선지자이다. 국토를 다 회복하고 번영을 누리는 호화로운 시대에 심히 타락된 길을 달려가는 이스라엘에 대하여 장래의 말씀을 전해야 했다. 특히 부도덕한 아내를 통하여 이스라엘에 대한 여호와의 사랑을 체험하며 살았던 선지자이다.

탐구1 의미를 지닌 결혼

앞서간 선지자들의 전통을 따라서 호세아는 분명히 잊을 수 없는 방법으로 하나님의 말씀을 실증합니다.

1. 하나님은 어떤 명령을 내리셨습니까? (1:2)

____

세 자녀의 이름을 찾아보면,

① ________ ← '하나님이 흩으신다'
② ________ ← '긍휼히 여기지 못하는 자'
결국 하나님의 임박한 심판을 나타냅니다.
③ ________ ← '내 백성이 아니라'

2. 그러나 고멜이 다른 남자들에게 감으로써 호세아의 사랑을 배반합니다. 이 때 선지자는 어떻게 해야 했습니까? (3:1,2)

____

이것은 여호와의 이스라엘에 대한 무엇을 시사 합니까? (2:16-18)

____

이제 하나님이 어떤 유의 사랑을 오늘 당신에게 베푸신다고 생각합니까? (롬5:8)

____

그리고 하나님은 당신이 주위의 사람들에게 '요한복음13:34,35'의 사랑을 실천하기를 기대하십니다.

탐구2 심판을 부르는 죄

호세아의 청중들은 번영 가운데서 타락한 길로 달려가고 있었습니다.

1. 그들은 먹을 것이 풍성해질 때 뭐라고 말합니까? (2:5)

____

그러나 선지자는 어떻게 말합니까? (2:8)

오늘 나는 내가 누리는 '그 무엇' 을 누가 준 것이라고 생각합니까?

2. 그는 이스라엘이 망하는 근본 원인을 어떻게 진단했나요? (4:6)

그러한 상태는 그들의 마음을 어디로 이끌고 갔습니까? (10:1)

결국 그들은 어떤 선언을 들어야 했습니까? (4:14)

오늘, 나는 들어도 깨닫지 못하고 알아도 돌이키지 않는 것은 없습니까?

사실 호세아가 이스라엘에서 예언했을 때, 국가의 죄에 대한 정치적 결과는 이미 혹독과 잔인이란 형태로 나타났다. 국가의 마지막 여섯 왕 중 넷은 살해되고 다섯째는 앗수르로 추방되었다.

탐구3 패역자들의 소망

죄의 아픔에 대한 설교는 죄에 대한 하나님의 치료를 언급하지 않고는 완전하지 않았습니다.

1. 선지자는 어떻게 선언합니까? (14:1)

이에 대한 하나님의 반응은 어떠했습니까? (14:4)

| THINK |

하나님은 죄인을 처벌하시는 것을 기뻐하지 않으신다. 그는 항상 이미 용서를 하시고 죄인이 회개하고 그에게 돌아오기를 기다리고 계신다.

2. 그러나 안일과 사치에 취하여 있는 이스라엘이 그러한 축복에 동참하기에는 너무나 부족했습니다. 마침내 그들은 어떻게 되었습니까? (9:17)

그리고 오직 '남은 자' 만이 그러한 축복의 길에 들어서게 될 것입니다(14:9).

더 깊은 생각을 위하여

호세아에게 있어서 가장 놀라운 일은 막대한 값을 치르고서 까지 자격이 없는 고멜을 용서해야 했던 것이다. 동일하게 하나님은 이스라엘을 향하여 용서를 베푸신다. 그리고 오늘까지 하나님은 죄인들에게 사랑의 초청을 하신다. 그러나 돌이키는 자들만이 그 사랑을 누릴 수 있다.

성찰

이스라엘이 번영 중에 사치와 음란으로 갔듯이 오늘 우리의 삶 속에 그러한 요소는 없는가?

43과

아모스

드고아의 목자

읽을말씀 : 아모스 3장

초　　점 : 하나님은 사회적인 불의와 부정을 어떻게 보시는가?

스 케 치 : 아모스('짐을 지는 자')는 촌락 드고아에서 양을 치는 목자이자 뽕나무를 가꾸는 농부였다. 그는 집이 남방 유다임에도 불구하고 북이스라엘로 불리워져 사역을 했다. 그의 선지 사역은 약 10년간(B.C. 765~755) 지속되었으며, 특히 사회적인 불의와 부정에 대하여 지적하였다.

탐구1 불리워 온 선지자

지금 이스라엘은 마지막으로 그의 번영을 누리고 있습니다.

1. 아모스의 신상에 관해 조사해 보십시오 (1:1).

---

2. 드고아는 유다 베들레헴 남쪽 6마일 지점에 있었습니다. 그는 스스로를 어떻게 소개합니까? (7:14,15)

오늘 나는 나의 '어떤 약점' 때문에 주의 일을 할 수 없다고 생각합니까?

하나님은 인사관리를 전문으로 하시는 분입니다 (삿6:12).

3. 아모스는 이스라엘과 인접 국가들의 죄목을 몇 가지로 언급합니까? (예, 1:3, 6, 9…)

| THINK |

셋과 넷을 합치면 일곱이 되며, 7은 성경에서 완전수이다. 각 국가는 죄로 가득 차 있었다.

4. 하나님은 모든 민족에게 관심이 있습니다. 그러므로 그들은 하나님의 공의와 심판에 응답해야 합니다. 아모스의 지적은 어떻게 이스라엘에까지 점점 좁혀 들어옵니까?

· 다메섹(1:3–5)→ ______(1:6–8) → ______(1:9,10) → 에돔(1:11,12) → ______(1:13–15) → 이스라엘(2:6–8)

당신은 아모스가 그의 설교의 주요 목표물에 점점 다가올 때 어떤 것을 예상할 수 있습니까?

… 아모스가 우리 동네에 와서 사람들을 하나씩 불러 정죄한다면 – 그리고 드디어 당신의 이름을 부른다면 어떻겠습니까? 당신에 관해 그는 무엇을 지적할까요? 그것들을 지금 당장 하나님께 아뢰십시오.

5. 그러나 회개치 않는 그들에 대한 하나님의 의도는 무엇입니까? (1:4,7,10,12)

본래 하나님은 불을 인간에게 하나의 축복으로 주셨습니다. 불의 선한 용도를 말해 보십시오. 그리스도인의 장래에 불은 어떤 역할을 하게 될까요? (고전3:10-15)

탐구2 화와 경고

1. 영적 부패는 여러 가지의 형태로 나타납니다. 아모스가 지적한 이스라엘 백성들의 죄목은 어떤 것들이었습니까?

· 사업(4:1)
· 신앙 생활(5:26)
· 여가 생활(6:1-6)

위 항목 중에서 당신의 생활과 관련될 수 있는 것은 무엇입니까?

2. 이런 상황에 있는 백성에게 아모스가 선포할 유일한 메시지는 무엇일까요? (4:12)

그들은 악을 피하는 것으로 충분하지 않습니다. 적극적으로 무엇을 해야 합니까? (5:14)

이와 같이 당신은 주변의 ○○○에게 구체적으로 어떤 일을 할 수 있을까요? (7:10-12)

---

3. 그러나 정의를 외치던 아모스가 받았던 반응은 어떤 것입니까? (7:10-12)

그것은 왕의 제사장인 아마샤가 아모스에게 그의 예언의 말씀을 다른 곳으로 가지고 가라고 말한 것이었습니다. 이와 유사한 경우를 당해본 적이 있습니까? 결국 사회적인 불의와 부정에 대해 하나님적인 안목을 가지고 있던 아모스의 생애는 편안할 수만은 없었습니다.

더 깊은 생각을 위하여

아모스는 환상들을 통하여 하나님의 섭리를 볼 수 있었다(7-9장). 이스라엘은 마치 여름 실과가 광주리 안에서 썩어가는 모습과 같을 것이다(8:2). 그러나 하나님께서는 이스라엘의 '남은 자' 들을 다시 고토로 돌아오게 하실 것이며, 황무한 성읍을 재건케 하실 것이다(9:11-15).

성찰

3:3을 깊이 묵상해 보고 오늘 내가 하나님과 동행하는 데 문제되는 것들은 없는지 생각해 보자.

44과

요나

구약의 선교사

읽을말씀 : 요나서4장

초　　점 : 뭇 영혼들에 대한 하나님 사랑의 지극하심

스 케 치 : 요나('비둘기')는 가드헤벨 출신인 아밋대의 아들로서 이스라엘의 선지자이다. 그는 한 이방 도시에 가서 죄악을 경고하라는 하나님의 명령을 받는다. 그러나 도피하는 도중에 하나님의 손에 붙들려 결국 목적지로 가 사역을 감당하게 된다.

탐구1 하나님이 없는 곳으로

요나의 이야기는 전설이 아닙니다. 그는 실제 존재했던 인물이었습니다(왕하14:25). 또한 이 사실을 예수님께서도 입증하셨습니다(눅 11:30). 더 나아가 요나는 우리 자신일 수 있습니다.

1. 요나에게 어느 날 어떤 일이 일어납니까? 여기서 발견하는 하나님은 어떤 하나님입니까? (1:2)

니느웨는 그 당시 이스라엘 민족의 적국인 앗시리아의 수도였습니다. 그렇다면 이스라엘 사람인 요나가 어떤 생각들을 할 수 있을까요?

|THINK|

그렇다. 하나님께서는 이방 민족들도 사랑하시는 온 세상의 주인이시다. 그들을 구원하시려는 놀라운 경륜이 요나를 통해서 그들에게 새로운 선교의 장을 열도록 하시는 것이다.

2. 그러나 요나는 어떻게 응답합니까? (1:3)

도피 결심 → (　　　) → 배를 타다 → 지중해 → (　　　)
그는 배를 타기 위하여 무엇을 줍니까?

|THINK|

기억하자. 주님으로부터 피하는 것은 돈의 낭비이며 시간의 낭비이다. 불순종은 인생 전체의 낭비일 뿐이다.

3. 그러나 하나님의 추적은 집요했습니다. 지중해 한 가운데서 어떤 일이 일어납니까? (1:4)

여기서 당신이 발견하는 하나님은 어떤 분입니까?

이 사실이 나의 삶에 어떤 영향을 미칩니까?

4. 배 밑에서 깊이 잠자던 요나는 선원들에 의해 끌어 올려집니다. 그는 자신의 신분을 밝힐 수 밖에 없었고 끝내 어떻게 됩니까? (1:9,10,15)

탐구2 바다 속에서 만난 하나님

'요나는 이렇게 물속에 가라앉았다…' 로 이야기가 끝나는 것이 아닙니다.

1. 어떤 일이 생겼습니까? (1:17)

역사의 주인은 하나님이십니다. 요나가 자기 행동에 대한 책임 있는 응답을 하자마자 하나님께서는 예비하셨던 큰 물고기를 보내어 요나를 삼키도록 하셨습니다.

2. 거기서 요나가 한 일은 무엇입니까? (2:1)

4절에서 보는 요나의 태도는 어떠합니까?

더 나아가 자신을 구원하신 하나님께 감사하기 시작했습니다(2:9). 위와 흡사한 예가 당신의 생애에도 있었습니까?

탐구3 다시 하나님과 함께

때가 찬 시각에 하나님은 물고기에게 명령 하셨습니다. “토하라!”

1. 3:2의 명령은 언제 이미 주어졌었습니까?

그러나 수령자의 반응은 정반대였습니다. 이제 하나님과 함께 달리는 요나의 모습을 볼 수 있습니다. 니느웨 거민들은 이 뜻밖의 선지자의 외침에 어떻게 반응했습니까? (3:4,5)

2. 이러한 돌이킴에 대해 하나님은 어떻게 대하셨습니까? (3:10)

하나님은 기뻐하셨습니다. 그러나 요나는 어떠했습니까? (4:1-3)

3. 여기서 우리는 다시 주저앉은 ‘형편없는 선지자’ 를 보게 됩니다. 다음 단어 중 현재 요나의 상태를 묘사한 것과 상관이 없는 것 둘을 고르십시오. (방관, 이기심, 피곤, 열심, 낙심, 애정)

4. 하나님의 시청각 교육 도구는 무엇 무엇입니까? (4:6-8)

하나님의 마지막 교훈에서 발견되는 하나님은 어떤 분입니까?

더 깊은 생각을 위하여

내가 이 땅을 위해 분주하고 사명을 잊고 있을 때, 하나님은 그 박 넝쿨을 거두어 가신다. 더 소중한 것을 깨닫게 하기 위해 벌레를 준비하실 수도 있다. 그 벌레는 질병이나 실패, 심지어 죽음일 수도 있다.

성찰

내가 보냄 받은 니느웨는 어디인가?

수고하셨습니다. 이제 마지막 권인 제 3권을 향하여 나아갑니다!

저자 이진우

총신대 종교교육학과(B.A)와 같은 신학대학원(M.Div), 아세아연합신학대학 대학원(Th.M)을 마쳤다. 그 후 영국 카펜웨이 바이블 스쿨을 수료했으며 미국 버지니아 리버티 신학대학원(D.Min.)을 졸업했다.

서울 숭의 여중고교 교목과 예장 총회교육국 간사를 역임했으며, 영국 코벤트리 한인교회를 담임했다. 현재는 서울창성교회 담임목사이며 지하철 사랑의 편지 필자, 총신대 강사, 크리스천라이프센터 공동대표, EATS 교장으로 섬기고 있다.

저서로는 〈목사와 평신도〉, 〈교사 위대한 힘을 꺼내라〉, 〈청소년 설교 이렇게〉, 〈요즘 내 아이 어떻게 키울까〉 등 다수가 있다.

E-mail : johnjiwoo@hanmail.net

초판 3쇄 발행 / 2019년 9월 16일
지은이 / 이진우
펴낸이 / 황성연
펴낸곳 / 글샘 출판사
주 소 / 서울특별시 중랑구 상봉동 136-1 성신빌딩
등 록 / 제8-0856호
I S B N / 978-89-913-5800-3
총 판 / 하늘물류센터
전 화 / 031-947-7777
팩 스 / 0505-365-0691
북 디자인 / 하늘기획 031-947-7777 (book design · illust 권기용)

※ **글샘**은 **가정사역**을 위한 **하늘기획**의 또 다른 이름입니다.